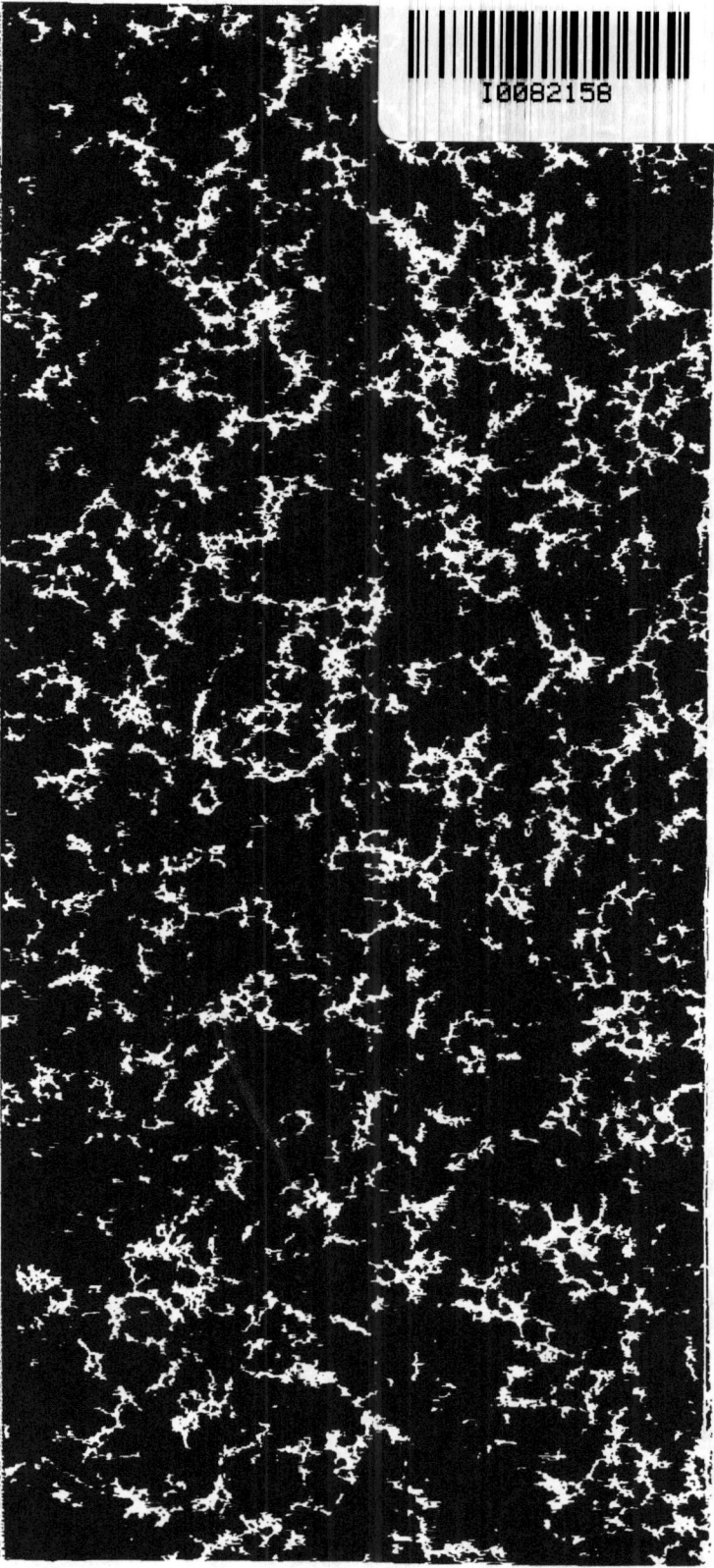

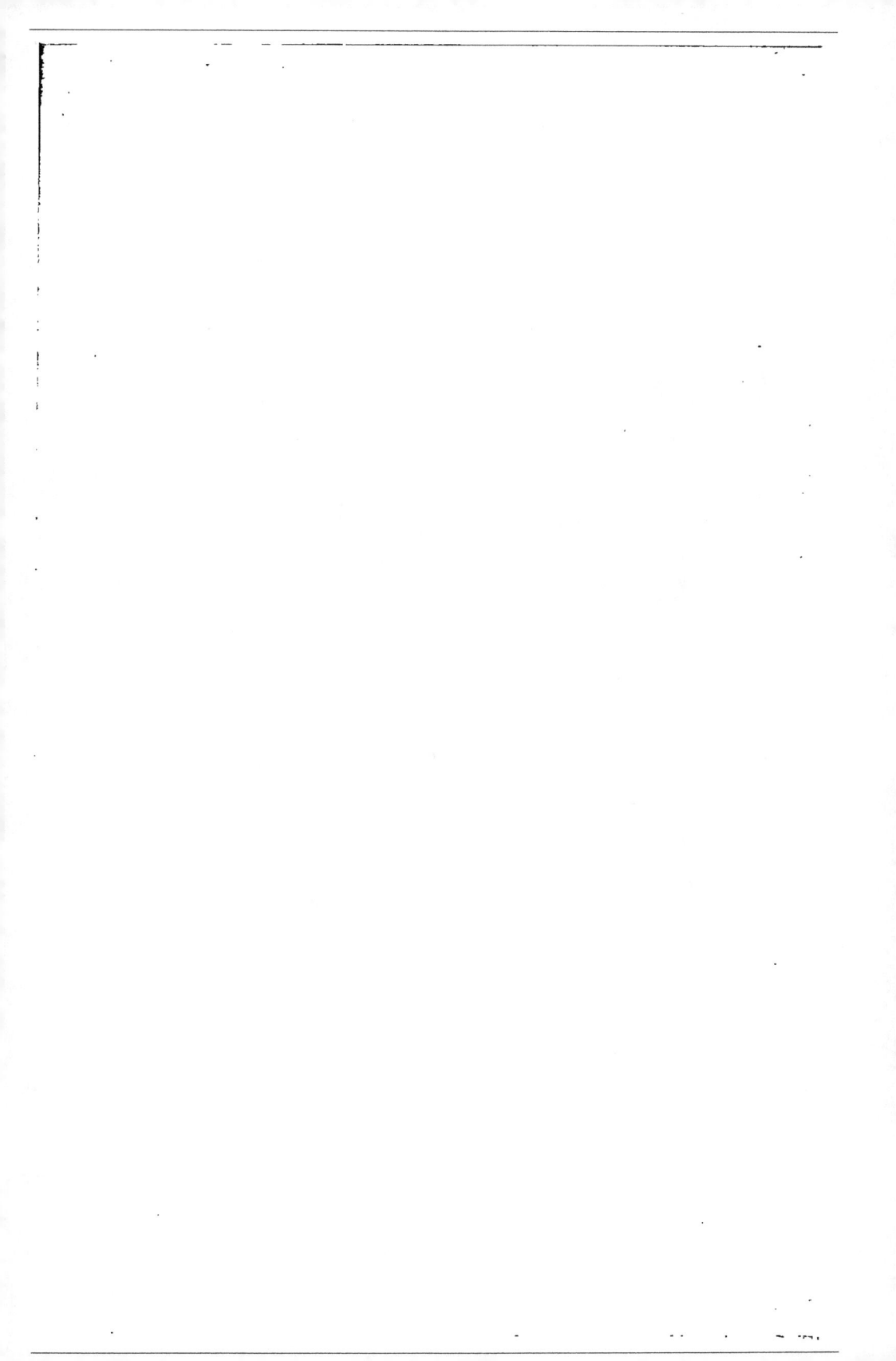

LES
AUTEURS GRECS

EXPLIQUÉS D'APRÈS UNE MÉTHODE NOUVELLE

PAR DEUX TRADUCTIONS FRANÇAISES

L'UNE LITTÉRALE ET JUXTALINÉAIRE PRÉSENTANT LE MOT A MOT FRANÇAIS
EN REGARD DES MOTS GRECS CORRESPONDANTS
L'AUTRE CORRECTE ET PRÉCÉDÉE DU TEXTE GREC

avec des sommaires et des notes

PAR UNE SOCIÉTÉ DE PROFESSEURS

ET D'HELLÉNISTES

HOMERE

—

LE 1er CHANT DE L'ILIADE

EXPLIQUÉ LITTÉRALEMENT
TRADUIT EN FRANÇAIS ET ANNOTÉ

PAR M. C. LEPRÉVOST
Professeur au Lycée Bonaparte

PARIS

LIBRAIRIE DE L. HACHETTE ET Cie

RUE PIERRE-SARRAZIN, N° 14

(Quartier de l'École de Médecine)

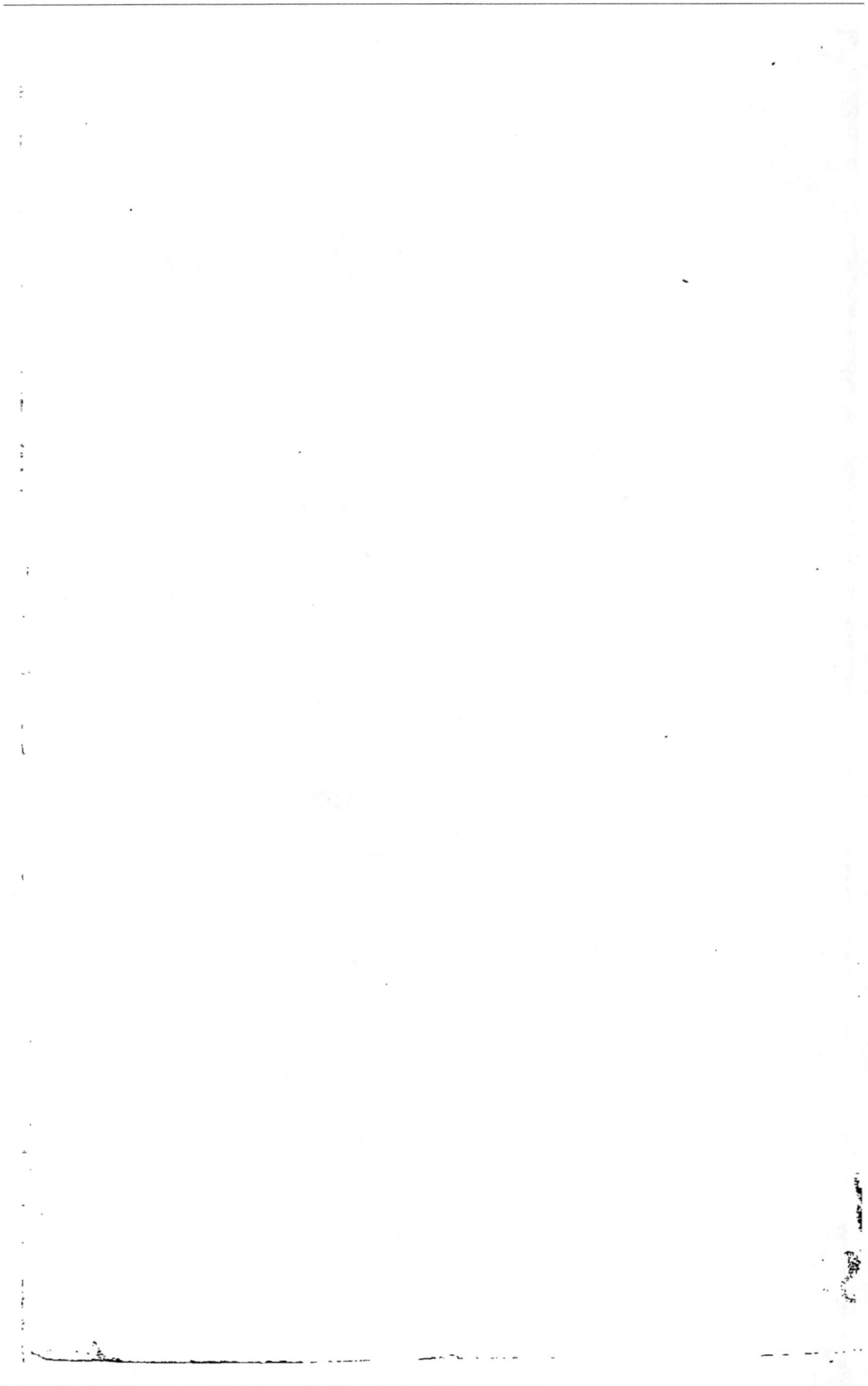

LES
AUTEURS GRECS

EXPLIQUES D'APRÈS UNE MÉTHODE NOUVELLE

PAR DEUX TRADUCTIONS FRANÇAISES

Ce chant de l'Iliade a été expliqué littéralement, traduit en français et annoté par M. C. Leprévost, professeur au Lycée Bonaparte.

DE L'IMPRIMERIE DE CRAPELET, RUE DE VAUGIRARD, 9

LES
AUTEURS GRECS

EXPLIQUÉS D'APRÈS UNE MÉTHODE NOUVELLE

PAR DEUX TRADUCTIONS FRANÇAISES

L'UNE LITTÉRALE ET JUXTALINÉAIRE PRÉSENTANT LE MOT A MOT FRANÇAIS
EN REGARD DES MOTS GRECS CORRESPONDANTS
L'AUTRE CORRECTE ET PRÉCÉDÉE DU TEXTE GREC

avec des sommaires et des notes

PAR UNE SOCIÉTÉ DE PROFESSEURS

ET D'HELLÉNISTES

———

HOMÈRE

PREMIER CHANT DE L'ILIADE

———

PARIS

LIBRAIRIE DE L. HACHETTE ET Cie

RUE PIERRE-SARRAZIN, Nº 14
(Quartier de l'École de Médecine)

—

1851

AVIS

RELATIF A LA TRADUCTION JUXTALINÉAIRE.

On a réuni par des traits les mots français qui traduisent un seul mot grec.

On a imprimé en *italiques* les mots qu'il était nécessaire d'ajouter pour rendre intelligible la traduction littérale, et qui n'avaient pas leur équivalent dans le grec.

Enfin, les mots placés entre parenthèses doivent être considérés comme une seconde explication, plus intelligible que la version littérale.

NOTICE
SUR HOMÈRE.

Homère n'est pas un être imaginaire, comme ont essayé de le démontrer certains critiques, dont les raisonnements n'ont pu se soutenir devant l'unité de vue, d'action et de style, que l'on admire dans les épopées de ce grand poëte. Mais sa vie, telle que nous l'ont transmise plusieurs écrivains de l'antiquité, est remplie de fables et de contradictions. On ignore le lieu de sa naissance : sept villes ont réclamé l'honneur de lui avoir donné le jour. On n'est pas même d'accord sur l'époque où il a vécu, et ce n'est que par conjecture qu'on la place dans le dixième siècle avant Jésus-Christ.

L'*Iliade* et l'*Odyssée,* qui sont encore aujourd'hui les plus beaux modèles du genre épique, ne sont pas les seuls ouvrages que l'on attribue à Homère ; la *Batrachomyomachie,* trente-trois *hymnes* et quelques *épigrammes* ont aussi été publiés sous son nom. Mais ces derniers ouvrages sont évidemment d'une époque postérieure à celle où les deux premiers ont été composés; ils sont sans doute l'œuvre de ces *homérides,* qui faisaient profession de chanter les vers d'Homère, et qui ajoutaient quelquefois aux poëmes de leur maître leurs propres compositions.

Les épopées d'Homère ne furent longtemps connues que dans la Grèce asiatique, où elles étaient chantées sous le nom de *rhapsodies,* par morceaux détachés. Ceux qui les chantaient s'appelaient *rhapsodes* (ῥάπτειν, *coudre,* ᾠδή, *chant*). Lycurgue, au retour de ses voyages, rapporta les rhapsodies dans la Grèce propre ; et, sous les Pisistratides, ces fragments furent réunis en deux corps d'ouvrage, l'*Iliade* et l'*Odyssée,* formant une suite non interrompue depuis le commencement jusqu'à la fin. Plusieurs siècles après, les grammairiens d'Alexandrie divisèrent l'un et l'autre poëme en vingt-quatre chants, à chacun desquels ils donnèrent le nom d'une des vingt-quatre lettres de l'alphabet, et c'est en cet état qu'ils sont parvenus jusqu'à nous.

SUJET DE L'ILIADE D'HOMÈRE.

L'enlèvement d'Hélène, femme de Ménélas, par Pâris, l'un des fils de Priam, roi de Troie, attira autour de cette ville les Grecs confédérés, qui la prirent et la détruisirent après un siége de dix ans (1270 av. J. C.). Le sujet de l'*Iliade* est un épisode de ce siége, qui durait déjà depuis neuf ans, lorsque Agamemnon, chef de l'armée, outragea publiquement Achille, le plus vaillant des Grecs. Le héros irrité se retira dans sa tente, et ne voulut plus combattre. Les Troyens, s'apercevant de son absence, reprirent courage, attaquèrent le camp des Grecs, et furent sur le point de brûler leurs vaisseaux. Achille, que rien ne pouvait fléchir, consentit pourtant que Patrocle, son ami, se revêtît de ses armes et conduisît ses troupes contre les Troyens. Mais Patrocle fut tué par Hector. Alors l'implacable fils de Pélée jura de venger son ami, et, reparaissant dans la plaine avec une nouvelle armure, qu'à la prière de sa mère Vulcain avait forgée tout exprès pour lui, il chercha Hector, l'immmola aux mânes de Patrocle; puis, après avoir insulté à ses restes, il les rendit au vieux Priam, qui était venu le conjurer de lui remettre la froide dépouille de son fils.

Ce poëme, outre ses innombrables beautés, offre à l'histoire et à la philosophie de précieux trésors, en peignant fidèlement les mœurs, l'état des connaissances, les croyances religieuses et la constitution sociale de ces temps éloignés, qui ont conservé le nom de *Siècles héroïques*.

ARGUMENT ANALYTIQUE

DU PREMIER CHANT DE L'ILIADE.

———

Exposition du sujet. —Chrysès, prêtre d'Apollon, arrive au camp des Grecs pour racheter sa fille. — Repoussé et outragé par Agamemnon, il supplie Apollon de le venger. — Le dieu lance contre les Grecs des traits qui en font périr un grand nombre.—Achille convoque l'assemblée des chefs, promet sa protection au devin Chalcas, et lui demande la cause du courroux d'Apollon. — Le devin la révèle, et indique comme unique moyen d'éloigner le fléau qui pèse sur l'armée, la délivrance de Chryséis.—Colère d'Agamemnon contre Chalcas ; ses menaces contre Achille. — Celui-ci porte la main à son épée ; mais Minerve lui apparaît, et docile à la voix de la déesse, il ne répond à l'outrage que par l'insulte.—Agamemnon, forcé de renvoyer Chryséis à son père, fait enlever à Achille sa captive Briséis.—Achille, indigné, ne veut plus combattre pour les Grecs ; il invoque sa mère Thétis, qui le console et lui promet de le venger.—Retour de Chryséis dans sa patrie ; sacrifice en l'honneur d'Apollon. — Entrevue de Thétis et de Jupiter, qui, à sa prière, consent à donner la victoire aux Troyens.— Plaintes de Junon et menaces de Jupiter en présence des habitants de l'Olympe. — Le calme se rétablit dans l'assemblee des immortels, grâce à l'arrivée de Vulcain, qui y ramène la gaieté, en remplissant les fonctions d'échanson.

———

ΟΜΗΡΟΥ

ΙΛΙΑΔΟΣ

ΡΑΨΩΔΙΑ Α.

—

ΛΟΙΜΟΣ. ΜΗΝΙΣ.

Μῆνιν ἄειδε, θεὰ, Πηληϊάδεω[1]Ἀχιλῆος,
οὐλομένην, ἣ μυρί᾽ Ἀχαιοῖς[2]ἄλγε᾽ ἔθηκε,
πολλὰς δ᾽ ἰφθίμους ψυχὰς Ἄϊδι προΐαψεν[3]
ἡρώων, αὐτοὺς δὲ ἑλώρια τεῦχε κύνεσσιν
οἰωνοῖσί τε πᾶσι (Διὸς δ᾽ ἐτελείετο βουλή)·   5
ἐξ οὗ δὴ τὰ πρῶτα διαστήτην ἐρίσαντε
Ἀτρείδης[4]τε, ἄναξ ἀνδρῶν, καὶ δῖος Ἀχιλλεύς.

Τίς τ᾽ ἄρ σφωε θεῶν ἔριδι ξυνέηκε μάχεσθαι;
Λητοῦς καὶ Διὸς υἱός. Ὁ γὰρ, βασιλῆϊ χολωθεὶς,
νοῦσον ἀνὰ στρατὸν ὦρσε κακὴν, ὀλέκοντο δὲ λαοὶ,   10
οὕνεκα τὸν Χρύσην[5]ἠτίμησ᾽ ἀρητῆρα
Ἀτρείδης. Ὁ γὰρ ἦλθε θοὰς ἐπὶ νῆας Ἀχαιῶν

Chante, ô Muse, la colère d'Achille, fils de Pélée, colère funeste,
qui fut pour les Grecs la source d'innombrables douleurs, qui précipita
dans les enfers les âmes généreuses d'une foule de héros, et fit de leurs
corps la pâture des chiens et des oiseaux (ainsi s'accomplissait la volonté de Jupiter), depuis le jour où, pour la première fois, une querelle
désunit le fils d'Atrée, roi des hommes, et le divin Achille.

Et qui donc parmi les immortels suscita entre eux ces violents débats ? Le fils de Latone et de Jupiter. Dans son courroux contre Agamemnon, Apollon fit naître dans l'armée une affreuse maladie, et les peuples périssaient, parce qu'Atride avait outragé son prêtre Chrysès.
Celui-ci s'était rendu auprès des vaisseaux légers des Grecs pour ra-

L'ILIADE
D'HOMÈRE.

CHANT I.

—

LA PESTE. LA COLÈRE.

Ἄειδε, θεά,   Chante, déesse,
μῆνιν οὐλομένην   la colère funeste
Ἀχιλῆος Πηληϊάδεω, d'Achille, fils-de-Pélée,
ἣ ἔθηκεν Ἀχαιοῖς   laquelle causa aux Achéens
ἄλγεα μυρία,   des douleurs innombrables,
προΐαψε δὲ Ἄϊδι   et précipita chez Pluton
πολλὰς ψυχὰς ἰφθίμους beaucoup d'âmes généreuses
ἡρώων, τεῦχε δὲ αὐτοὺς de héros, et fit eux-mêmes
ἑλώρια κύνεσσι   proies aux chiens
πᾶσί τε οἰωνοῖσι   et à tous les oiseaux
(βουλὴ δὲ Διὸς   (or la volonté de Jupiter
ἐτελείετο)·   s'accomplissait);
ἐξ οὗ δὴ τὰ πρῶτα   depuis que certes, la première fois,
διαστήτην ἐρίσαντε se divisèrent, s'étant querellés,
Ἀτρεΐδης τε, ἄναξ ἀνδρῶν, et Atride, roi des hommes,
καὶ δῖος Ἀχιλλεύς.   et le divin Achille.

Τίς τε ἄρα θεῶν   Et qui donc des dieux
ξυνέηκέ σφωε   a mi -aux-prises eux-deux
μάχεσθαι ἔριδι;   pour combattre par une querelle?
Υἱὸς Λητοῦς καὶ Διός. Le fils de Latone et de Jupiter.
Ὁ γὰρ, χολωθεὶς βασιλῆϊ, Car celui-ci, étant irrité contre le roi,
ὦρσε νοῦσον κακὴν   excita une maladie mauvaise
ἀνὰ στρατὸν,   à travers l'armée,
λαοὶ δὲ ὀλέκοντο,   et les peuples périssaient,
οὕνεκα Ἀτρεΐδης ἠτίμησε parce que Atride avait outragé
τὸν ἀρητῆρα Χρύσην. le prêtre Chrysès.
Ὁ γὰρ ἦλθεν   En effet celui-ci était venu
ἐπὶ νῆας θοὰς Ἀχαιῶν, vers les vaisseaux légers des Achéens,

λυσόμενός τε θύγατρα, φέρων τ' ἀπερείσι' ἄποινα,
στέμμα τ' ἔχων ἐν χερσὶν ἑκηβόλου Ἀπόλλωνος
χρυσέῳ ἀνὰ σκήπτρῳ[1], καὶ ἐλίσσετο πάντας Ἀχαιοὺς,   15
Ἀτρείδα δὲ μάλιστα δύω, κοσμήτορε λαῶν·

« Ἀτρεῖδαί τε καὶ ἄλλοι ἐϋκνήμιδες Ἀχαιοὶ,
ὑμῖν μὲν θεοὶ δοῖεν, Ὀλύμπια δώματ' ἔχοντες,
ἐκπέρσαι Πριάμοιο πόλιν, εὖ δ' οἴκαδ' ἱκέσθαι·
παῖδα δ' ἐμοὶ λῦσαι[2]τε φίλην, τά τ' ἄποινα δέχεσθαι,   20
ἁζόμενοι Διὸς υἱὸν, ἑκηβόλον Ἀπόλλωνα. »

Ἔνθ' ἄλλοι μὲν πάντες ἐπευφήμησαν Ἀχαιοὶ
αἰδεῖσθαί θ' ἱερῆα, καὶ ἀγλαὰ δέχθαι ἄποινα·
ἀλλ' οὐκ Ἀτρείδῃ Ἀγαμέμνονι ἥνδανε θυμῷ,
ἀλλὰ κακῶς ἀφίει, κρατερὸν δ' ἐπὶ μῦθον ἔτελλε·   25

« Μή σε, γέρον, κοίλῃσιν ἐγὼ παρὰ νηυσὶ κιχείω,
ἢ νῦν δηθύνοντ', ἢ ὕστερον αὖτις ἰόντα,
μή νύ τοι οὐ χραίσμῃ σκῆπτρον καὶ στέμμα θεοῖο.
Τὴν δ' ἐγὼ οὐ λύσω, πρίν μιν καὶ γῆρας ἔπεισιν
ἡμετέρῳ ἐνὶ οἴκῳ, ἐν Ἀργεϊ[3], τηλόθι πάτρης,   30

cheter sa fille, apportant une immense rançon, et tenant dans ses
mains, avec le sceptre d'or, les bandelettes d'Apollon qui lance au
loin les traits; et il implorait tous les Grecs, et surtout les deux Atrides, chefs des peuples :

« Atrides, et vous aussi, Grecs à la brillante armure, que les dieux,
habitants des palais de l'Olympe, vous accordent de renverser la ville
de Priam, et de retourner heureusement dans vos foyers; mais ren-
dez-moi une fille chérie, et acceptez cette rançon, si vous craignez le
fils de Jupiter, Apollon, qui lance au loin les traits. »

Tous les autres Grecs alors, par un murmure approbateur, demandè-
rent qu'on respectât le prêtre, et que l'on reçût sa magnifique rançon;
mais Agamemnon, le fils d'Atrée, n'y voulut point consentir; il le con-
gédia au contraire durement, et ajouta même ces menaçantes paroles :

« Vieillard, que je ne te rencontre plus auprès de nos creux vaisseaux, soit que tu t'y arrêtes maintenant, soit que tu y reviennes
dans la suite, de peur qu'alors tu ne sois protégé ni par le sceptre ni
par les bandelettes de ton dieu. Quant à ta fille, je ne te la rendrai
point, qu'elle n'ait vieilli dans mon palais, à Argos, loin de sa patrie,

λυσόμενός τε θύγατρα,	et devant racheter *sa* fille,
φέρων τε ἄποινα ἀπερείσια,	et apportant des rançons immenses,
ἔχων τε ἐν χερσὶν	et ayant dans *ses* mains
ἀνὰ σκήπτρῳ χρυσέῳ	sur un sceptre d'or
στέμμα Ἀπόλλωνος	la bandelette d'Apollon
ἑκηβόλου,	qui-frappe-au-loin,
καὶ ἐλίσσετο πάντας Ἀχαιοὺς,	et il suppliait tous les Achéens,
μάλιστα δὲ δύω Ἀτρείδα,	mais surtout les deux Atrides,
κοσμήτορε λαῶν ·	chefs des peuples.
« Ἀτρεῖδαί τε καὶ ἄλλοι Ἀχαιοὶ	« Et Atrides, et autres Achéens
ἐϋκνήμιδες,	aux-belles-cnémides,
θεοὶ μὲν,	que d'un côté les dieux,
ἔχοντες δώματα Ὀλύμπια,	ayant les palais olympiens,
δοῖεν ὑμῖν	vous donnent
ἐκπέρσαι πόλιν Πριάμοιο,	de renverser la ville de Priam.
ἱκέσθαι δὲ εὖ οἴκαδε ·	et de retourner heureusement chez-
λῦσαι δέ τε ἐμοὶ	de l'autre et rendez à moi [vous;
παῖδα φίλην,	une fille chérie,
δέχεσθαί τε τὰ ἄποινα,	et recevez les rançons,
ἁζόμενοι υἱὸν Διὸς,	respectant le fils de Jupiter,
Ἀπόλλωνα ἑκηβόλον. »	Apollon qui-frappe-au-loin. »
Ἔνθα μὲν πάντες ἄλλοι Ἀχαιοὶ	Donc alors tous les autres Achéens
ἐπευφήμησαν	approuvèrent-par-acclamations
αἰδεῖσθαί τε ἱερῆα,	et de respecter le prêtre,
καὶ δέχθαι ἄποινα ἀγλαά ·	et de recevoir les rançons brillantes ;
ἀλλὰ οὐχ ἥνδανε θυμῷ	mais il ne plut pas au cœur
Ἀγαμέμνονι Ἀτρείδῃ,	à Agamemnon, fils-d'Atrée,
ἀλλὰ ἀφίει κακῶς,	au contraire il *le* renvoya mal,
ἐπέτελλε δὲ μῦθον κρατερόν ·	et ajouta un discours violent :
« Ἐγὼ μή κιχείω σε,	« Que moi je ne rencontre pas toi,
γέρον, παρὰ νηυσὶ κοίλῃσιν,	vieillard, auprès des vaisseaux creux,
ἢ δηθύνοντα νῦν,	soit t'arrêtant maintenant,
ἢ ἰόντα αὖτις ὕστερον,	soit venant de nouveau ensuite,
μή νυ σκῆπτρον	de peur que certes le sceptre
καὶ στέμμα θεοῖο	et la bandelette du Dieu
οὐ χραίσμῃ τοι.	ne soit-pas-utile à toi.
Ἐγὼ δὲ οὐ λύσω τήν,	Or moi je ne délivrerai pas elle,
πρὶν καὶ γῆρας	auparavant même la vieillesse
ἔπεισί μιν ἐνὶ ἡμετέρῳ οἴκῳ,	atteindra elle dans notre maison,
ἐν Ἄργεῖ, τηλόθι πάτρης,	dans Argos, loin de *sa* patrie,

ἱστὸν ἐποιχομένην, καὶ ἐμὸν λέχος ἀντιόωσαν.
Ἀλλ᾽ ἴθι, μή μ᾽ ἐρέθιζε, σαώτερος ὥς κε νέηαι. »

Ὡς ἔφατ᾽· ἔδδεισεν δ᾽ ὁ γέρων, καὶ ἐπείθετο μύθῳ.
Βῆ δ᾽ ἀκέων παρὰ θῖνα πολυφλοίσβοιο θαλάσσης·
πολλὰ δ᾽ ἔπειτ᾽, ἀπάνευθε κιών, ἠρᾶθ᾽ ὁ γεραιὸς   35
Ἀπόλλωνι ἄνακτι, τὸν ἠΰκομος τέκε Λητώ·

Κλῦθί μευ, Ἀργυρότοξ᾽[1],ὃς Χρύσην ἀμφιβέβηκας[2],
Κίλλαν[3]τε ζαθέην, Τενέδοιό[4]τε ἶφι ἀνάσσεις,
Σμινθεῦ[5]·εἴποτέ τοι χαρίεντ᾽ ἐπὶ νηὸν ἔρεψα[6],
ἢ εἰ δή ποτέ τοι κατὰ πίονα μηρί[7]ἔκηα   40
ταύρων ἠδ᾽ αἰγῶν, τόδε μοι κρήηνον ἐέλδωρ·
τίσειαν Δαναοὶ[8]ἐμὰ δάκρυα σοῖσι βέλεσσιν. »

Ὡς ἔφατ᾽ εὐχόμενος· τοῦ δ᾽ ἔκλυε Φοῖβος Ἀπόλλων.
Βῆ δὲ κατ᾽ Οὐλύμποιο καρήνων, χωόμενος κῆρ,
τόξ᾽ ὤμοισιν ἔχων ἀμφηρεφέα τε φαρέτρην·   45
ἔκλαγξαν δ᾽ ἄρ᾽ ὀϊστοὶ ἐπ᾽ ὤμων χωομένοιο,
αὐτοῦ κινηθέντος· ὁ δ᾽ ἤιε νυκτὶ ἐοικώς.
Ἕζετ᾽ ἔπειτ᾽ ἀπάνευθε νεῶν, μετὰ δ᾽ ἰὸν ἕηκε[9]·

---

occupée à tisser la toile, et partageant ma couche. Retire-toi donc, et garde-toi de m'irriter, afin que ton retour en soit plus assuré. »

Il dit : le vieillard fut rempli de crainte, et obéit à cet ordre. Il s'éloigna, silencieux, le long du rivage de la mer au loin mugissante ; et ensuite, pendant sa marche solitaire, le prêtre vénérable invoqua le puissant Apollon qu'enfanta Latone à la belle chevelure.

« Daigne m'entendre, ô toi qui portes un arc d'argent, toi qui protéges Chryse et la divine Cilla, qui règnes en souverain sur Ténédos, et que Sminthe invoque ! Si jamais j'ai orné de guirlandes ton temple magnifique, si jamais j'ai brûlé en ton honneur les cuisses grasses des taureaux et des chèvres, exauce le vœu que je t'adresse : que les Grecs expient mes larmes sous tes coups. »

Telle fut sa prière : et Phébus Apollon l'entendit. Il descendit des sommets de l'Olympe, la colère dans le cœur, portant sur ses épaules un arc et un carquois fermé de toutes parts. Les flèches retentissaient sur les épaules du dieu en courroux et agité dans sa marche ; il s'avançait semblable à la nuit. Enfin il s'assit à l'écart loin des vaisseaux,

ἐποιχομένην ἱστὸν,	parcourant la toile,
καὶ ἀντιόωσαν ἐμὸν λέχος.	et s'approchant de mon lit.
Ἀλλὰ ἴθι, μὴ ἐρέθιζέ με,	Mais va-t'en, n'irrite pas moi,
ὥς κε νέηαι σαώτερος. »	afin que tu t'en ailles plus-sain-et-sauf.»
Ἔφατο ὥς·	Il parla ainsi ;
ὁ δὲ γέρων ἔδδεισε,	or le vieillard eut peur,
καὶ ἐπείθετο μύθῳ.	et il obéit à l'ordre.
Βῆ δὲ ἀκέων	Donc il s'en-alla silencieux
παρὰ θῖνα θαλάσσης	le long du rivage de la mer
πολυφλοίσβοιο·	beaucoup-retentissante ;
ἔπειτα δὲ, κιὼν ἀπάνευθεν,	et ensuite, marchant à l'écart,
ὁ γεραιὸς ἠρᾶτο πολλὰ	le vieillard pria beaucoup
ἄνακτι Ἀπόλλωνι, τὸν τέκε	le roi Apollon, qu'enfanta
Λητὼ ἠΰκομος·	Latone à-la-belle-chevelure :
« Κλῦθί μευ, Ἀργυρότοξε,	« Entends-moi, dieu-à-l'arc-d'argent,
ὃς ἀμφιβέβηκας Χρύσην,	qui protéges Chryse,
Κίλλαν τε ζαθέην,	et Cilla divine,
ἀνάσσεις τε ἶφι Τενέδοιο,	et règnes puissamment sur Ténédos,
Σμινθεῦ· εἴποτε ἐπέρεψα	Sminthien! Si jamais j'ai paré
νηὸν χαρίεντά τοι,	le temple agréable à toi,
ἢ εἰ δή ποτε κατέκηά τοι	ou si jamais j'ai brûlé pour toi
μηρία πίονα	des cuisses grasses
ταύρων ἠδὲ αἰγῶν,	de taureaux et de chèvres,
κρήηνόν μοι τόδε ἐέλδωρ·	accomplis à moi ce vœu :
Δαναοὶ τίσειαν	que les fils-de-Danaüs payent
ἐμὰ δάκρυα σοῖσι βέλεσσιν. »	mes larmes par tes traits. »
Ἔφατο ὣς εὐχόμενος·	Il parla ainsi en priant.
Φοῖβος δὲ Ἀπόλλων ἔκλυε τοῦ.	Et Phébus Apollon entendit lui ;
Κατέβη δὲ	et il descendit
καρήνων Οὐλύμποιο,	des sommets de l'Olympe,
χωόμενος κῆρ,	irrité quant au cœur,
ἔχων ὤμοισι τόξα	ayant aux épaules un arc
φαρέτρην τε ἀμφηρεφέα·	et un carquois couvert-de-tout-côté ;
ἄρα δὲ ὀϊστοὶ ἔκλαγξαν	alors certes les flèches retentirent
ἐπ' ὤμων χωομένοιο,	sur les épaules de *lui* irrité,
αὐτοῦ κινηθέντος·	lui s'agitant ;
ὁ δὲ ἤϊε ἐοικὼς νυκτί.	or lui s'avançait semblable à la nuit.
Ἔπειτα ἕζετο	Ensuite il s'assit
ἀπάνευθε νεῶν,	à l'écart des vaisseaux,
μεθέηκε δὲ ἰόν·	puis il lança un trait ;

δεινὴ δὲ κλαγγὴ γένετ' ἀργυρέοιο βιοῖο.
Οὐρῆας μὲν πρῶτον ἐπώχετο καὶ κύνας ἀργούς·   50
αὐτὰρ ἔπειτ' αὐτοῖσι βέλος ἐχεπευκὲς ἐφιεὶς,
βάλλ'· αἰεὶ δὲ πυραὶ νεκύων καίοντο θαμειαί.
   Ἐννῆμαρ μὲν ἀνὰ στρατὸν ᾤχετο κῆλα θεοῖο·
τῇ δεκάτῃ δ' ἀγορήνδε καλέσσατο λαὸν Ἀχιλλεύς.
Τῷ γὰρ ἐπὶ φρεσὶ θῆκε θεὰ λευκώλενος Ἥρη·   55
κήδετο γὰρ Δαναῶν, ὅτι ῥα θνήσκοντας ὁρᾶτο.
Οἱ δ' ἐπεὶ οὖν ἤγερθεν, ὁμηγερέες τ' ἐγένοντο,
τοῖσι δ' ἀνιστάμενος μετέφη πόδας ὠκὺς Ἀχιλλεύς·
  « Ἀτρείδη, νῦν ἄμμε παλιμπλαγχθέντας ὀΐω
ἂψ ἀπονοστήσειν, εἴ κεν θάνατόν γε φύγοιμεν,   60
εἰ δὴ ὁμοῦ πόλεμός τε δαμᾷ καὶ λοιμὸς Ἀχαιούς.
Ἀλλ' ἄγε δή τινα μάντιν ἐρείομεν, ἢ ἱερῆα,
ἢ καὶ ὀνειροπόλον (καὶ γάρ τ' ὄναρ ἐκ Διός ἐστιν),
ὅς κ' εἴποι ὅ τι τόσσον ἐχώσατο Φοῖβος Ἀπόλλων,
εἴτ' ἄρ' ὅγ' εὐχωλῆς ἐπιμέμφεται, εἴθ' ἑκατόμβης·   65
αἴ κέν πως ἀρνῶν κνίσσης αἰγῶν τε τελείων
βούλεται ἀντιάσας ἡμῖν ἀπὸ λοιγὸν ἀμῦναι. »
  Ἤτοι ὅγ' ὣς εἰπὼν, κατ' ἄρ' ἕζετο. Τοῖσι δ' ἀνέστη

puis lança un trait ; et terrible fut alors le bruit de l'arc d'argent. Il atteignit d'abord les mulets et les chiens agiles ; mais ensuite il frappa les hommes eux-mêmes d'une flèche meurtrière ; et sur les bûchers brûlaient sans cesse de nombreux cadavres.

Durant neuf jours, les traits du dieu volèrent sur toute l'armée ; le dixième, Achille convoqua le peuple en assemblée. Junon, la déesse aux bras blancs, lui en avait inspiré la pensée. Car elle était émue de pitié pour les Grecs, en les voyant ainsi périr. Lors donc qu'ils furent assemblés et réunis tous en conseil, Achille aux pieds légers, se levant aussitôt, prit la parole en ces termes :

« Atride, c'est aujourd'hui, je pense, que nous allons, errant de nouveau sur les mers, retourner sur nos pas, si toutefois nous pouvons échapper à la mort, puisque la guerre et la peste se réunissent pour accabler les Grecs. Eh bien alors, interrogeons un devin, un prêtre, ou même un interprète de songes (car les songes viennent aussi de Jupiter) ; qu'il nous dise pour quel motif Phébus Apollon est à ce point courroucé, si c'est d'un vœu ou d'une hécatombe qu'il réclame l'accomplissement, si par hasard, satisfait d'un sacrifice d'agneaux et de chèvres choisies, il consent à éloigner de nous le fléau.»

Après avoir ainsi parlé, il s'assit : alors au milieu de l'assemblée se

κλαγγὴ δὲ βιοῖο ἀργυρέοιο
γένετο δεινή.
Πρῶτον μὲν ἐπῴχετο
οὐρῆας καὶ κύνας ἀργούς ·
αὐτὰρ ἔπειτα ἐφιεὶς
βέλος ἐχεπευκὲς αὐτοῖσι,
βάλλε · αἰεὶ δὲ καίοντο
πυραὶ θαμειαὶ νεκύων.
   Ἐννῆμαρ μὲν κῆλα θεοῖο
ᾤχετο ἀνὰ στρατόν ·
τῇ δὲ δεκάτῃ Ἀχιλλεὺς
καλέσσατο λαὸν ἀγορήνδε.
Ἥρη γὰρ, θεὰ λευκώλενος,
θῆκε τῷ ἐπὶ φρεσί ·
κήδετο γὰρ Δαναῶν,
ὅτι ῥα ὁρᾶτο θνήσκοντας.
Ἐπεὶ δὲ οὖν οἱ ἤγερθεν,
ἐγένοντό τε ὁμηγερέες,
Ἀχιλλεὺς δὲ ὠκὺς πόδας
ἀνιστάμενος τοῖσι μετέφη ·
   « Ἀτρείδη, ὀΐω νῦν
ἄμμε   παλιμπλαγχθέντας
ἀπονοστήσειν ἂψ,
εἴ γέ κεν φύγοιμεν θάνατον,
εἰ δὴ ὁμοῦ τε πόλεμος
καὶ λοιμὸς δαμᾷ Ἀχαιούς.
Ἀλλὰ ἄγε, ἐρείομεν δὴ
τινὰ μάντιν, ἢ ἱερῆα,
ἢ καὶ ὀνειροπόλον
(καὶ γὰρ ὄναρ τε
ἐστὶν ἐκ Διὸς),
ὅς κεν εἴποι ὅ τι Φοῖβος Ἀπόλλων
ἐχώσατο τόσσον,
εἴτε ἄρα ὅγε ἐπιμέμφεται
εὐχωλῆς εἴτε ἑκατόμβης ·
αἱ κέν πως ἀντιάσας κνίσσης
ἀρνῶν αἰγῶν τε τελείων
βούλεται ἀπαμῦναι ἡμῖν λοιγόν. »
   Ἤτοι ὅγε εἰπὼν ὣς,
καθέζετο ἄρα. Τοῖσι δὲ

alors le bruit de l'arc d'argent
fut fait terrible.
D'abord, à la vérité, il atteignit
les mulets et les chiens agiles ;
mais ensuite ayant lancé
un trait mortel sur eux-mêmes,
il frappait ; et toujours brûlaient
des bûchers nombreux de cadavres.
   Neuf-jours certes les traits du dieu
allèrent à travers l'armée ;
or le dixième Achille
appela le peuple en assemblée.
Car Junon, déesse aux-bras-blancs,
mit *cela* à lui dans les esprits.
En effet elle s'inquiétait des Grecs,
parce qu'elle *les* voyait mourant.
Or donc, quand ils furent convoqués
et *qu'*ils furent réunis-ensemble,
alors Achille léger *quant* aux pieds,
se levant *au milieu* d'eux, dit :
   « Atride, je pense maintenant
nous ayant erré-de-nouveau,
devoir retourner en arrière ;
si au moins nous aurons fui la mort,
puisque certes ensemble et la guerre
et la peste dompte les Achéens.
Mais allons, consultons donc
quelque devin, ou prêtre,
ou même interprète-de-songes
(car le songe aussi
est de la part de Jupiter),
qui dise pourquoi Phébus Apollon
s'est irrité autant,
soit que certes lui se plaint
d'un vœu ou d'une hécatombe,
si par hasard ayant obtenu le fumet
d'agneaux et de chèvres choisies
il veut éloigner de nous le fléau. »
   Donc lui ayant parlé ainsi,
s'assit ensuite ; et *au milieu* d'eux

Κάλχας Θεστορίδης, οἰωνοπόλων ὄχ’ ἄριστος,
ὃς ἤδη τά τ’ ἐόντα, τά τ’ ἐσσόμενα, πρό τ’ ἐόντα,   •   70
καὶ νήεσσ’ ἡγήσατ’ Ἀχαιῶν Ἴλιον εἴσω,
ἣν διὰ μαντοσύνην, τήν οἱ πόρε Φοῖβος Ἀπόλλων.
Ὅ σφιν ἐΰφρονέων ἀγορήσατο καὶ μετέειπεν·
   « Ὦ Ἀχιλεῦ, κέλεαί με, Διῒ φίλε, μυθήσασθαι
μῆνιν Ἀπόλλωνος ἑκατηβελέταο ἄνακτος.   75
Τοιγὰρ ἐγὼν ἐρέω· σὺ δὲ σύνθεο, καί μοι ὄμοσσον
ἦ μέν μοι πρόφρων ἔπεσιν καὶ χερσὶν ἀρήξειν·
ἦ γὰρ ὀΐομαι ἄνδρα χολωσέμεν ὃς μέγα πάντων
Ἀργείων κρατέει, καί οἱ πείθονται Ἀχαιοί.
Κρείσσων γὰρ βασιλεύς, ὅτε χώσεται ἀνδρὶ χέρηϊ·   80
εἴπερ γάρ τε χόλον γε καὶ αὐτῆμαρ καταπέψῃ,
ἀλλά γε καὶ μετόπισθεν ἔχει κότον, ὄφρα τελέσσῃ,
ἐν στήθεσσιν ἑοῖσι· σὺ δὲ φράσαι εἴ με σαώσεις. »
   Τὸν δ’ ἀπαμειβόμενος προσέφη πόδας ὠκὺς Ἀχιλλεύς·
   « Θαρσήσας μάλα, εἰπὲ θεοπρόπιον ὅ τι οἶσθα·   85
οὐ μὰ γὰρ Ἀπόλλωνα, Διῒ φίλον, ᾧτε σύ, Κάλχαν,

leva Calchas, fils de Thestor, et de beaucoup le meilleur des augures,
qui connaissait le présent, l’avenir ainsi que le passé, et qui avait
guidé la flotte des Grecs aux rives d’Ilion, grâce à la science dans l’art
de prédire, que lui avait accordée Phébus Apollon. Dans sa bienveillance pour eux, il prend la parole et s’exprime ainsi :

« O Achille, héros cher à Jupiter, tu m’ordonnes de révéler la cause
qui a excité le courroux du puissant Apollon qui lance au loin les traits.
Je vais donc parler. Mais toi, promets et jure-moi que tu t’empresseras
de me prêter le secours de tes paroles et de ton bras. Car je prévois
que je vais soulever le courroux d’un homme qui commande en souverain à tous les Argiens, et à qui les Achéens obéissent. Un roi est toujours le plus fort contre un inférieur qui l’irrite ; et si pour le moment
il étouffe sa colère, il n’en conserve pas moins le désir de se venger,
jusqu’au moment où il l’a satisfait. Dis-moi si tu peux me sauver. »

Achille aux pieds légers lui répondit en ces termes : « Prends con-
fiance, et dis l’oracle que tu sais. Par Apollon, ce dieu cher à Jupiter,

ἀνέστη Κάλχας Θεστορίδης, se leva Calchas, fils-de-Thestor,
ὄχα ἄριστος οἰωνοπόλων, de beaucoup le meilleur des augures,
ὃς ἤδη τά τε ἐόντα, lui qui savait et les choses étant,
τά τε ἐσσόμενα, et celles devant être,
ἐόντα τε πρὸ, et *celles* étant auparavant,
καὶ ἡγήσατο νήεσσιν et il avait servi-de-guide aux vaisseaux
Ἀχαιῶν εἴσω Ἴλιον, des Achéens jusqu'à Ilion,
διὰ ἣν μαντοσύνην, à cause de sa science-divinatoire,
τὴν Φοῖβος Ἀπόλλων que Phébus Apollon
πόρεν οἱ. avait donnée à lui ;
Ὁ εὖ φρονέων σφιν lequel voulant-du-bien à eux
ἀγορήσατο καὶ μετέειπεν· harangua et dit :
« Ὦ Ἀχιλεῦ, φίλε Διῒ, « O Achille, cher à Jupiter,
κέλεαί με μυθήσασθαι tu ordonnes moi expliquer
μῆνιν Ἀπόλλωνος, la colère d'Apollon,
ἄνακτος ἑκατηβελέταο. roi qui-frappe-au-loin.
Τοιγὰρ ἐγὼν ἐρέω· Donc moi je dirai ;
σὺ δὲ σύνθεο καὶ ὄμοσσόν μοι mais toi promets et jure à moi,
ἦ μὲν πρόφρων certainement bienveillant,
ἀρήξειν μοι devoir secourir moi
ἔπεσι καὶ χερσίν· par les paroles et par les mains ;
ἦ γὰρ ὀίομαι χολωσέμεν car certes je crois devoir irriter
ἄνδρα ὃς κρατέει μέγα l'homme qui commande grandement
πάντων Ἀργείων, sur tous les Argiens,
καὶ Ἀχαιοὶ πείθονταί οἱ. et les Achéens obéissent à lui.
Βασιλεὺς γὰρ κρείσσων, Car un roi *est* plus puissant,
ὅτε χώσεται ἀνδρὶ χέρηϊ· quand il s'irritera contre un inférieur ;
εἴπερ γὰρ τέ γε καὶ αὐτῆμαρ car quoique au moins ce-même-jour
καταπέψῃ χόλον, il ait digéré *sa* colère,
ἀλλά γε καὶ μετόπισθεν cependant encore dans la suite
ἔχει κότον ἐν ἑοῖσι στήθεσσιν, il a le ressentiment dans sa poitrine,
ὄφρα τελέσσῃ· jusqu'à ce qu'il l'ait accompli ;
σὺ δὲ φράσαι, εἰ σαώσεις με. » mais toi dis si tu sauveras moi. »
Ἀχιλλεὺς δὲ ὠκὺς πόδας Mais Achille, léger *quant* aux pieds,
ἀπαμειβόμενος προσέφη τόν· répondant, dit à lui :
« Θαρσήσας μάλα, « Ayant pris-confiance beaucoup,
εἰπὲ θεοπρόπιον ὅ τι οἶσθα· dis l'oracle que tu sais.
οὐ γὰρ μὰ Ἀπόλλωνα, Car, non certes par Apollon
φίλον Διῒ, cher à Jupiter,
ᾧτε σὺ, Κάλχαν, εὐχόμενος à qui toi, Calchas, faisant-des-prières

εὐχόμενος Δαναοῖσι θεοπροπίας ἀναφαίνεις,
οὔτις, ἐμεῦ ζῶντος καὶ ἐπὶ χθονὶ δερκομένοιο,
σοὶ κοίλης παρὰ νηυσὶ βαρείας χεῖρας ἐποίσει,
συμπάντων Δαναῶν· οὐδ' ἢν Ἀγαμέμνονα εἴπῃς,   90
ὃς νῦν πολλὸν ἄριστος Ἀχαιῶν εὔχεται εἶναι. »
   Καὶ τότε δὴ θάρσησε, καὶ ηὔδα μάντις ἀμύμων·
« Οὔτ' ἄρ' ὅγ' εὐχωλῆς ἐπιμέμφεται, οὔθ' ἑκατόμβης,
ἀλλ' ἕνεκ' ἀρητῆρος, ὃν ἠτίμησ' Ἀγαμέμνων,
οὐδ' ἀπέλυσε θύγατρα, καὶ οὐκ ἀπεδέξατ' ἄποινα.   95
Τοὔνεχ' ἄρ' ἄλγε' ἔδωκεν Ἑκηβόλος, ἠδ' ἔτι δώσει·
οὐδ' ὅγε πρὶν λοιμοῖο βαρείας Κῆρας[1] ἀφέξει,
πρίν γ' ἀπὸ πατρὶ φίλῳ δόμεναι ἑλικώπιδα κούρην[2]
ἀπριάτην, ἀνάποινον, ἄγειν θ' ἱερὴν ἑκατόμβην
ἐς Χρύσην· τότε κέν μιν ἱλασσάμενοι πεπίθοιμεν. »   100
   Ἤτοι ὅγ' ὡς εἰπὼν, κατ' ἄρ' ἕζετο. Τοῖσι δ' ἀνέστη
ἥρως Ἀτρείδης εὐρυκρείων[3] Ἀγαμέμνων,
ἀχνύμενος· μένεος δὲ μέγα φρένες ἀμφιμέλαιναι
πίμπλαντ', ὄσσε δέ οἱ πυρὶ λαμπετόωντι ἐΐκτην[4].

et que tu invoques pour révéler aux Grecs les secrets de l'avenir, aussi
longtemps que je respirerai et que je verrai la lumière, aucun de tous
ces Grecs, auprès de nos vaisseaux aux larges flancs, ne portera sur
toi une main criminelle; non, aucun, quand même tu voudrais parler
d'Agamemnon, qui aujourd'hui se vante d'être de beaucoup le plus
puissant des Grecs. »
   Le devin irréprochable s'enhardit alors et parla en ces termes : « Le
dieu ne se plaint de l'oubli ni d'un vœu ni d'une hécatombe. Son prêtre outragé par Agamemnon, qui a refusé de lui rendre sa fille et de
recevoir la rançon offerte, telle est la cause des maux que nous a en-
voyés et que nous enverra encore le dieu qui lance au loin les traits :
et les Parques, qui tiennent appesanti sur nous le terrible fléau, ne se
retireront que lorsque nous aurons rendu sans présents ni rançon à son
père chéri la jeune fille aux yeux noirs, et conduit à Chryse une hécatombe sacrée. Peut-être alors, après l'avoir apaisé, pourrons-nous
compter sur sa protection. »
   Après avoir ainsi parlé, il s'assit. Alors au milieu d'eux se leva le
héros fils d'Atrée, le puissant Agamemnon, pénétré de colère et de
douleur : son âme, enveloppée d'un sombre nuage, était remplie d'in-
dignation ; ses yeux étaient semblables à la flamme étincelante ; jetant

ἀναφαίνεις Δαναοῖσι θεοπροπίας,   tu découvres aux Grecs les oracles,
ἐμεῦ ζῶντος   moi vivant
καὶ δερκομένοιο ἐπὶ χθονὶ,   et voyant sur la terre ;
οὔτις συμπάντων Δαναῶν   personne de tous les Grecs
ἐποίσει σοὶ χεῖρας βαρείας   ne portera sur toi des mains pesantes
παρὰ νηυσὶ κοίλης ·   auprès des vaisseaux creux ;
οὐδ' ἢν εἴπῃς Ἀγαμέμνονα,   pas même si tu as dit Agamemnon,
ὅς νῦν εὔχεται   qui maintenant se vante
εἶναι πολλὸν   d'être de beaucoup
ἄριστος Ἀχαιῶν. »   le plus puissant des Achéens. »

   Καὶ τότε δὴ μάντις ἀμύμων   Et alors donc le devin irréprochable
θράσησε, καὶ ηὖδα ·   prit-confiance et dit :
« Ἄρα ὅγε ἐπιμέμφεται   « Certes lui ne se plaint
οὔτε εὐχωλῆς οὔτε ἑκατόμβης,   ni d'un vœu ni d'une hécatombe,
ἀλλὰ ἕνεκα ἀρητῆρος,   mais à cause de *son* prêtre,
ὅν Ἀγαμέμνων ἠτίμησεν,   que Agamemnon a outragé,
οὐδὲ ἀπέλυσε θύγατρα,   *dont* il n'a pas délivré la fille,
καὶ οὐκ ἀπεδέξατο ἄποινα.   et *dont* il n'a pas reçu les rançons.
Τοὔνεκα ἄρα Ἑκηβόλος   Pour-cela donc celui-qui-frappe-au-loin
ἔδωκεν ἄλγεα   a donné des douleurs
ἠδὲ δώσει ἔτι ·   et *en* donnera encore ;
οὐδὲ ὅγε ἀφέξει πρὶν   et lui n'éloignera pas avant
Κῆρας βαρείας λοιμοῖο,   les Parques pesantes de la peste,
πρίν γε ἀποδόμεναι   avant du moins avoir(qu'on ait) rendu
πατρὶ φίλῳ   à un père chéri
κούρην ἑλικώπιδα   la jeune fille aux-yeux-vifs
ἀπριάτην, ἀνάποινον,   non-rachetée, sans-rançon,
ἄγειν τε ἐς Χρύσην   et conduire (qu'on conduise) à Chryse
ἑκατόμβην ἱερήν ·   une hécatombe sacrée ;
τότε ἱλασσάμενοί μίν   alors ayant apaisé lui,
κεν πεπίθοιμεν. »   nous pourrions-*le*-fléchir. »

   Ἤτοι ὅγε εἰπὼν ὧς,   Donc lui, ayant parlé ainsi,
καθέζετο ἄρα. Τοῖσι δὲ   s'assit alors. Mais *au milieu* d'eux
ἀνέστη ἥρως Ἀτρείδης   se leva le héros fils-d'Atrée,
Ἀγαμέμνων εὐρυκρείων,   Agamemnon qui-domine-au-loin,
ἀχνύμενος · φρένες δὲ   tout-indigné : or *ses* esprits
ἀμφιμέλαιναι   noirs-tout-autour
πίμπλαντο μέγα μένεος,   étaient remplis grandement de colère,
ὄσσε δέ οἱ ἐΐκτην   et les yeux à lui ressemblaient
πυρὶ λαμπετόωντι.   à un feu étincelant.

Κάλχαντα πρώτιστα κάκ' ὀσσόμενος προσέειπε· 105
« Μάντι κακῶν, οὐ πώποτέ μοι τὸ κρήγυον εἶπας.
Αἰεί τοι τὰ κάκ' ἐστὶ φίλα φρεσὶ μαντεύεσθαι·
ἐσθλὸν δ' οὔτε τί πω εἶπας ἔπος, οὔτ' ἐτέλεσσας.
Καὶ νῦν ἐν Δαναοῖσι θεοπροπέων ἀγορεύεις
ὡς δὴ τοῦδ' ἕνεκά σφιν Ἑκηβόλος ἄλγεα τεύχει, 110
οὕνεκ' ἐγὼ κούρης Χρυσηΐδος ἀγλά' ἄποινα
οὐκ ἔθελον δέξασθαι· ἐπεὶ πολὺ βούλομαι αὐτὴν
οἴκοι ἔχειν· καὶ γάρ ῥα Κλυταιμνήστρης προβέβουλα,
κουριδίης¹ ἀλόχου· ἐπεὶ οὔ ἕθεν ἐστὶ χερείων,
οὐ δέμας, οὐδὲ φυήν, οὔτ' ἄρ φρένας, οὔτε τι ἔργα. 115
Ἀλλὰ καὶ ὣς ἐθέλω δόμεναι πάλιν, εἰ τόγ' ἄμεινον·
βούλομ' ἐγὼ λαὸν σόον ἔμμεναι, ἢ ἀπολέσθαι.
Αὐτὰρ ἐμοὶ γέρας αὐτίχ' ἑτοιμάσατ', ὄφρα μὴ οἶος
Ἀργείων ἀγέραστος ἔω· ἐπεὶ οὐδὲ ἔοικε.
Λεύσσετε γάρ τόγε πάντες, ὅ μοι γέρας ἔρχεται ἄλλη. » 120

alors sur Calchas un regard sinistre, il s'adressa d'abord à lui de cette manière :

« Devin de malheurs, jamais tu ne m'as rien annoncé d'agréable ; toujours ton cœur ne s'est plu qu'à de funestes prédictions ; jamais tu n'as rien dit, rien fait qui me fût avantageux. Aujourd'hui même, prophétisant au milieu des Grecs, tu leur déclares qu'Apollon les accable de maux, parce que j'ai repoussé la brillante rançon de la jeune Chryséis ! En effet, j'éprouve un vif désir de la posséder dans mon palais. Je la préfère même à Clytemnestre, que j'ai épousée jeune et libre, puisqu'elle ne lui cède ni pour la beauté, ni pour la taille, ni pour l'esprit, ni pour les ouvrages de femme. Toutefois, je consens à la rendre, si en effet c'est là le meilleur parti. Car je préfère le salut du peuple à sa ruine. Mais préparez-moi sans délai un autre prix, afin que je ne sois pas le seul de tous les Grecs sans récompense. Cela ne conviendrait pas, et vous voyez tous que la mienne passe en d'autres mains. »

'Οσσόμενος κακὰ   Regardant méchamment
προσέειπε πρώτιστα Κάλχαντα·   il s'adressa d'abord à Calchas :
« Μάντι κακῶν,   « Devin de mauvaises choses,
σὺ πώποτε εἶπάς μοι   jamais tu n'as dit à moi
τὸ κρήγυον.   la chose agréable.
Αἰεὶ τὰ κακὰ ἐστὶ φίλα   Toujours les maux sont chers
τοὶ φρεσὶ μαντεύεσθαι·   à toi dans le cœur à prédire ;
οὔτε δὲ εἶπάς πω,   et tu n'as pas dit encore,
οὔτε ἐτέλεσσας   et tu n'as pas accompli
ἔπος τι ἐσθλόν.   quelque parole bonne.
Καὶ νῦν θεοπροπέων   Et maintenant prophétisant
ἀγορεύεις ἐν Δαναοῖσιν,   tu déclames au milieu des Grecs,
ὡς δὴ Ἑκηβόλος   comme si celui-qui-frappe-au-loin
τεύχει σφιν ἄλγεα   forge à eux des douleurs
ἕνεκα τοῦδε, οὕνεκα   à cause de cela, parce que
ἐγὼ οὐκ ἔθελον   moi je n'ai pas voulu
δέξασθαι ἄποινα ἀγλαὰ   avoir reçu les rançons brillantes
κούρης Χρυσηίδος·   de la jeune-fille Chryséïs :
ἐπεὶ βούλομαι πολὺ   car je veux beaucoup
ἔχειν αὐτὴν οἴκοι.   avoir elle à la maison.
Καὶ γάρ ῥα προβέβουλα   En effet certes je *la* préfère
Κλυταιμνήστρης,   à Clytemnestre,
ἀλόχου κουριδίης·   épouse mariée-jeune ;
ἐπεὶ οὐκ ἐστὶ χερείων ἔθεν,   puisqu'elle n'est inférieure à elle
οὐ δέμας, οὐδὲ φυὴν,   ni *quant* au corps, ni *quant* à la taille,
οὔτε ἀρ φρένας,   ni certes *quant* aux esprits,
οὔτε ἔργα τι.   ni *quant* aux ouvrages en rien.
Ἀλλὰ καὶ ὡς ἐθέλω   Mais même ainsi je veux
δόμεναι πάλιν,   *l'*avoir donnée de nouveau,
εἰ τόγε ἄμεινον·   si cela au moins *est* meilleur.
ἐγὼ βούλομαι λαὸν   Moi je veux le peuple
ἔμμεναι σόον, ἢ ἀπολέσθαι.   être sauf *plutôt* que périr.
Αὐτὰρ ἐτοιμάσατε ἐμοὶ   Mais ayez préparé à moi
αὐτίκα γέρας,   aussitôt une récompense,
ὄφρα μὴ ἔω   afin que je ne sois pas
οἶος Ἀργείων ἀγέραστος·   seul des Argiens sans-récompense ;
ἐπεὶ οὐδὲ ἔοικε.   puisque *cela* ne convient pas.
Λεύσσετε γὰρ πάντες τόγε,   Car vous voyez tous cela,
ὃ γέρας μοι   que la récompense à moi
ἔρχεται ἄλλη.   s'en-va ailleurs. »

Τὸν δ᾽ ἠμείβετ᾽ ἔπειτα ποδάρκης δῖος Ἀχιλλεύς·
« Ἀτρείδη κύδιστε, φιλοκτεανώτατε πάντων,
πῶς γάρ τοι δώσουσι γέρας μεγάθυμοι Ἀχαιοί;
οὐδ᾽ ἔτι που ἴδμεν ξυνήϊα κείμενα πολλά·
ἀλλὰ, τὰ μὲν πολίων ἐξεπράθομεν, τὰ δέδασται,   125
λαοὺς δ᾽ οὐκ ἐπέοικε παλίλλογα ταῦτ᾽ ἐπαγείρειν.
Ἀλλὰ σὺ μὲν νῦν τήνδε θεῷ πρόες· αὐτὰρ Ἀχαιοὶ
τριπλῇ τετραπλῇ τ᾽ ἀποτίσομεν, αἴ κέ ποθι Ζεὺς
δῷσι πόλιν Τροίην εὐτείχεον ἐξαλαπάξαι. »

Τὸν δ᾽ ἀπαμειβόμενος προσέφη κρείων Ἀγαμέμνων·   130
« Μὴ δ᾽ οὕτως, ἀγαθός περ ἐὼν, θεοείκελ᾽ Ἀχιλλεῦ,
κλέπτε νόῳ· ἐπεὶ οὐ παρελεύσεαι, οὐδέ με πείσεις.
Ἦ ἐθέλεις, ὄφρ᾽ αὐτὸς ἔχῃς γέρας, αὐτὰρ ἔμ᾽ αὔτως
ἧσθαι δευόμενον, κέλεαι δέ με τήνδ᾽ ἀποδοῦναι;
Ἀλλ᾽ εἰ μὲν δώσουσι γέρας μεγάθυμοι Ἀχαιοὶ,   135
ἄρσαντες κατὰ θυμὸν, ὅπως ἀντάξιον ἔσται.

Le divin Achille aux pieds légers lui répondit : « Atride, le plus honoré et le plus avide des hommes, comment les Grecs magnanimes te
donneraient-ils une autre récompense ? Il n'y a nulle part que nous
sachions de nombreuses dépouilles en réserve. Celles que nous avons
emportées des villes conquises, ont été partagées ; et il ne serait pas
juste de forcer les peuples à les rassembler pour en faire un nouveau
partage. Mais renvoie aujourd'hui au dieu ta captive, et nous Grecs,
nous te dédommagerons au triple et au quadruple, si Jupiter nous accorde un jour de ravager Troie, la ville aux superbes remparts. »

Le puissant Agamemnon lui répondit en ces termes : «Achille, semblable aux dieux, n'essaie pas ainsi de me tromper : car tu ne saurais
ni me surprendre ni me persuader. Voudrais-tu, afin de conserver ta
récompense, que je restasse entièrement privé de la mienne, et or-
donnes-tu que je rende ma captive ? J'y consens, si les Grecs magnanimes, remplissant mon attente, me donnent un prix d'une égale

Δῖος δὲ Ἀχιλλεὺς	Mais le divin Achille
ποδάρκης ἠμείβετο ἔπειτα τόν·	aux-pieds-légers répondit ensuite à lui :
« Ἀτρείδη κύδιστε,	« Atride très-glorieux ,
φιλοκτεανώτατε πάντων,	le plus avide de tous ,
πῶς γὰρ Ἀχαιοὶ μεγάθυμοι	comment donc les Grecs magnanimes
δώσουσι τοὶ γέρας ;	donneront-ils à toi une récompense ?
οὐδὲ ἴδμεν ἔτι	nous ne connaissons plus
πολλὰ ξυνήϊα	beaucoup de choses communes
κείμενά που·	déposées quelque-part ;
ἀλλὰ τὰ μὲν	mais celles-que à la vérité
ἐξεπράθομεν πολίων,	nous avons enlevées des villes,
τὰ δέδασται,	celles-là ont été partagées ;
οὐδὲ ἐπέοικε λαοὺς	or il ne convient pas les peuples
ἐπαγείρειν ταῦτα	rassembler elles
παλίλλογα.	recueillies-de-nouveau.
Ἀλλὰ σὺ μὲν νῦν	Mais toi, à la vérité, maintenant
πρόες τήνδε θεῷ·	abandonne celle-ci au dieu ;
αὐτὰρ Ἀχαιοὶ ἀποτίσομεν	ensuite *nous* Achéens nous paierons
τριπλῇ τετραπλῇ τε,	au triple et au quadruple,
αἴ κέ ποθι Ζεὺς δῷσι	si un jour Jupiter a donné
ἐξαλαπάξαι Τροίην	d'avoir saccagé Troie
πόλιν εὐτείχεον. »	ville aux-bonnes-murailles. »
Ἀπαμειβόμενος δὲ	Mais, prenant-la-parole-à-son-tour,
κρείων Ἀγαμέμνων προσέφη τόν·	le puissant Agamemnon dit à lui :
« Μὴ δὲ κλέπτε οὕτως νόῳ,	« Ne trompe pas ainsi dans ton esprit,
ἐὼν περ ἀγαθὸς ,	quoique étant brave,
Ἀχιλλεῦ θεοείκελε·	Achille, semblable-aux-dieux ;
ἐπεὶ οὐ παρελεύσεαι,	puisque tu ne surprendras,
οὐδὲ πείσεις με.	ni ne persuaderas moi.
Ἦ, ὄφρα αὐτὸς	Est-ce que , afin que toi-même
ἔχῃς γέρας,	tu aies une récompense,
ἐθέλεις αὐτὰρ ἐμὲ ἧσθαι	tu veux ensuite moi rester-là-assis
δευόμενον αὔτως,	*en* étant privé ainsi,
κέλεαι δέ με	et ordonnes-tu moi
ἀποδοῦναι τήνδε ;	avoir rendu celle-ci ?
Ἀλλὰ εἰ μὲν	Hé-bien-oui, si à la vérité
Ἀχαιοὶ μεγάθυμοι	les Achéens magnanimes
δώσουσι γέρας ,	donneront une récompense,
ἄρσαντες κατὰ θυμὸν ,	l'ayant réglée selon *mon* cœur,
ὅπως ἔσται ἀντάξιον.	de manière qu'elle sera équivalente.

Εἰ δέ κε μὴ δώωσιν, ἐγὼ δέ κεν αὐτὸς ἕλωμαι
ἢ τεὸν ἢ Αἴαντος ἰὼν γέρας, ἢ Ὀδυσῆος
ἄξω ἑλών· ὁ δέ κεν κεχολώσεται, ὅν κεν ἵκωμαι.
Ἀλλ' ἤτοι μὲν ταῦτα μεταφρασόμεσθα καὶ αὖτις.   140
Νῦν δ', ἄγε, νῆα μέλαιναν ἐρύσσομεν εἰς ἅλα ! δῖαν,
ἐς δ' ἐρέτας ἐπιτηδὲς ἀγείρομεν, ἐς δ' ἑκατόμβην
θείομεν, ἂν δ' αὐτὴν Χρυσηΐδα καλλιπάρηον
βήσομεν· εἷς δέ τις ἀρχὸς ἀνὴρ βουληφόρος ἔστω,
ἢ Αἴας, ἢ Ἰδομενεὺς, ἢ δῖος Ὀδυσσεὺς,   145
ἠὲ σὺ, Πηλείδη, πάντων ἐκπαγλότατ' ἀνδρῶν,
ὄφρ' ἡμῖν Ἑκάεργον ἱλάσσεαι, ἱερὰ ῥέξας. »
    Τὸν δ' ἄρ' ὑπόδρα ἰδὼν προσέφη πόδας ὠκὺς Ἀχιλλεύς·
« Ὤ μοι! ἀναιδείην ἐπιειμένε[2], κερδαλεόφρον,
πῶς τίς τοι πρόφρων ἔπεσιν πείθηται Ἀχαιῶν,   150
ἢ ὁδὸν[3]ἐλθέμεναι, ἢ ἀνδράσιν ἶφι μάχεσθαι;
οὐ γὰρ ἐγὼ Τρώων[4]ἕνεκ' ἤλυθον αἰχμητάων
δεῦρο μαχησόμενος· ἐπεὶ οὔτι μοι αἴτιοί εἰσιν.

valeur. S'ils me le refusent, moi-même j'irai enlever ta récompense,
ou celle d'Ajax, ou celle d'Ulysse, que j'emmènerai dans ma tente; et
celui vers qui j'aurai porté mes pas, frémira de colère. Mais remettons
à un autre temps cette délibération. Quant au moment actuel, traînons
un noir vaisseau dans la vaste mer, rassemblons ce qu'il faut de rameurs, plaçons-y une hécatombe, puis fesons-y monter aussi Chryséïs
aux belles joues; et qu'un chef illustre dirige l'expédition, soit Ajax,
soit Idoménée, ou le divin Ulysse, ou toi-même, fils de Pélée, le plus
étonnant de tous les guerriers, afin que par des sacrifices tu apaises
en notre faveur le dieu qui lance au loin les traits. »
    Achille aux pieds légers lui repondit en jetant sur lui un farouche
regard : « O mortel revêtu d'impudence, cœur avide de gain, comment un Grec irait-il désormais, docile à tes ordres, soit accompagner
cette expédition, soit montrer son courage sur le champ de bataille?
Pour moi, ce n'est point en haine des valeureux Troyens que je suis
venu combattre ici , puisqu'ils ne sont coupables d'aucun tort à mon

Εἰ δέ κε μὴ δώωσιν,	Mais s'ils ne m'*en* auront pas donné,
ἐγὼ δὲ ἰὼν αὐτός κεν ἕλωμαι·	alors moi allant moi-même je prendrai
ἢ τεὸν γέρας, ἢ Αἴαντος,	ou ta récompense, ou *celle* d'Ajax,
ἢ ἑλὼν	ou, *l'*ayant enlevée,
ἄξω Ὀδυσῆος·	j'emmènerai *celle* d'Ulysse,
ὁ δέ κεν κεχολώσεται,	et celui-là sera indigné,
ὅν κεν ἵκωμαι.	*vers* lequel je serai allé.
Ἀλλὰ ἤτοι μὲν μεταφρασόμεσθα	Mais, au reste, nous délibérerons
ταῦτα καὶ αὖτις.	sur ces-choses aussi une-autre-fois.
Νῦν δὲ, ἄγε, ἐρύσσομεν	Or maintenant, allons, tirons
εἰς ἅλα δῖαν νῆα μέλαιναν,	sur la mer divine un vaisseau noir,
ἐσαγείρομεν δὲ	et rassemblons-dedans
ἐρέτας ἐπιτηδὲς,	des rameurs convenablement,
ἐσθείομεν δὲ ἑκατόμβην,	et plaçons-dedans une hécatombe,
ἀναβήσομεν δὲ	ensuite faisons-y-monter
Χρυσηΐδα καλλιπάρῃον αὐτήν·	Chryséïs aux-belles-joues elle-même;
εἷς δέ τις ἀνὴρ ἀρχὸς	puis, qu'un guerrier chef
ἔστω βουληφόρος,	soit celui-qui-dirige,
ἢ Αἴας, ἢ Ἰδομενεὺς,	ou Ajax, ou Idoménée,
ἢ δῖος Ὀδυσσεὺς,	ou le divin Ulysse,
ἢ σὺ, Πηλείδη,	ou toi, fils-de-Pélée,
ἐκπαγλότατε πάντων ἀνδρῶν,	le plus étrange de tous les hommes,
ὄφρα, ῥέξας ἱερὰ,	afin que, ayant fait des sacrifices,
ἱλάσσεαι ἡμῖν	tu rendes-propice à nous
Ἑκάεργον. »	celui-qui-frappe-au-loin. »
Ἀχιλλεὺς δὲ ἄρα	Donc alors Achille
ὠκὺς πόδας,	léger *quant* aux pieds,
ἰδὼν ὑπόδρα, προσέφη τόν·	*l'*ayant regardé de travers, dit à lui :
«Ὤ μοι! ἐπιειμένε ἀναιδείην,	« Hélas ! *homme* revêtu d'impudence,
κερδαλεόφρον,	*homme* pensant-au-gain,
πῶς τις Ἀχαιῶν	comment quelqu'un des Achéens,
πρόφρων τοι πείθηται ἔπεσιν,	docile à toi, obéirait-il à *tes* paroles,
ἢ ἐλθέμεναι ὁδὸν,	soit pour aller *ce* trajet,
ἢ μάχεσθαι	soit pour combattre
ἶφι ἀνδράσιν;	courageusement les guerriers ?
Ἐγὼ γὰρ οὐκ ἤλυθον δεῦρο	Car moi je ne suis pas venu ici
μαχησόμενος	devant combattre
ἕνεκα Τρώων αἰχμητάων·	à cause des Troyens armés-de-lances;
ἐπεὶ οὐκ εἰσί τι	puisqu'ils ne sont en rien
αἴτιοί μοι.	coupables envers moi.

Οὐ γὰρ πώποτ' ἐμὰς βοῦς ἤλασαν, οὐδὲ μὲν ἵππους,
οὐδέ ποτ' ἐν Φθίῃ ἐριβώλακι, βωτιανείρῃ,   155
καρπὸν ἐδηλήσαντ'· ἐπειὴ μάλα πολλὰ μεταξὺ
οὔρεά τε σκιόεντα, θάλασσά τε ἠχήεσσα[1].
Ἀλλὰ σοὶ, ὦ μέγ' ἀναιδὲς, ἅμ' ἑσπόμεθ', ὄφρα σὺ χαίρῃς,
τιμὴν ἀρνύμενοι Μενελάῳ, σοί τε, κυνῶπα,
πρὸς Τρώων· τῶν οὔτι μετατρέπῃ, οὐδ' ἀλεγίζεις.   160
Καὶ δή μοι γέρας αὐτὸς ἀφαιρήσεσθαι ἀπειλεῖς,
ᾧ ἔπι πόλλ' ἐμόγησα, δόσαν δέ μοι υἷες Ἀχαιῶν.
Οὐ μέν σοί ποτε ἴσον ἔχω γέρας, ὁππότ' Ἀχαιοὶ
Τρώων ἐκπέρσωσ' εὐναιόμενον πτολίεθρον·
ἀλλὰ τὸ μὲν πλεῖον πολυάϊκος πολέμοιο   165
χεῖρες ἐμαὶ διέπουσ'· ἀτὰρ ἤν ποτε δασμὸς ἵκηται,
σοὶ τὸ γέρας πολὺ μεῖζον, ἐγὼ δ' ὀλίγον τε φίλον τε
ἔρχομ' ἔχων ἐπὶ νῆας, ἐπὴν κεκάμω πολεμίζων.
Νῦν δ' εἶμι Φθίηνδ'[2], ἐπειὴ πολὺ φέρτερόν ἐστιν

égard ; jamais ils ne m'ont enlevé ni mes chevaux ni mes génisses ;
jamais dans la fertile Phthie, cette terre nourricière des braves, ils
n'ont ravagé mes moissons : nous sommes séparés par de nombreuses
montagnes couvertes de forêts, et par une mer au loin mugissante.
Mais c'est à ta suite que nous sommes venus, homme cuirassé d'impudence, pour te combler de joie en vengeant sur les Troyens et Ménélas et toi-même, toi qui as le regard effronté du chien. Et loin d'a-
voir égard à de tels services, loin de m'en tenir compte, tu me menaces de m'enlever le prix que m'ont acquis tant de travaux et que m'ont
accordé les fils de la Grèce. Et pourtant je n'obtiens jamais une récompense égale à la tienne, lorsque les Grecs ont renversé chez les
Troyens quelque cité populeuse. Cette guerre difficile, c'est mon bras
qui en supporte le fardeau presque tout entier ; mais que le jour du
partage arrive, pour toi sont les plus riches dépouilles ; et moi, après
avoir reçu un prix peu considérable, et dont cependant je me trouve
satisfait, je reviens vers mes vaisseaux, après m'être bien fatigué en
combattant. Maintenant donc je pars pour Phthie, puisqu'il m'est

Οὐ γὰρ πώποτε ἤλασαν   Car jamais ils n'ont enlevé
ἐμὰς βοῦς, οὐδὲ μὲν ἵππους,   mes génisses ni mes chevaux ;
οὐδέ ποτε ἐν Φθίῃ ἐριβώλακι,   jamais dans Phthie fertile,
βωτιανείρῃ,   qui-nourrit-beaucoup-de-guerriers,
ἐδηλήσαντο καρπόν·   ils n'ont ravagé *ma* moisson ;
ἐπειὴ μεταξὺ   puisque entre *nous sont*
οὔρεά τε σκιόεντα   et des montagnes ombragées
μάλα πολλὰ,   fort nombreuses,
θάλασσά τε ἠχήεσσα.   et la mer bruyante.
Ἀλλὰ ἑσπόμεθα σοὶ ἅμα,   Mais nous avons suivi toi ensemble,
ὦ μέγα ἀναιδὲς,   ô grandement impudent,
ὄφρα σὺ χαίρῃς,   afin que tu te réjouisses,
ἀρνύμενοι πρὸς Τρώων   cherchant-à-obtenir des Troyens
τιμὴν Μενελάῳ,   vengeance pour Ménélas,
σοί τε, κυνῶπα·   et pour toi, *homme* au-regard-de-
τῶν οὐ μετατρέπῃ   *choses* dont tu ne t'inquiètes [chien;
οὐδὲ ἀλεγίζεις τι.   et n'as-souci en rien.
Καὶ δὴ ἀπειλεῖς αὐτὸς   Et de plus tu menaces toi-même
ἀφαιρήσεσθαί μοι γέρας,   devoir enlever à moi la récompense,
ἐπὶ ᾧ ἐμόγησα πολλὰ,   pour laquelle j'ai travaillé beaucoup,
υἷες δὲ Ἀχαιῶν   et *que* les fils des Achéens
δόσαν μοι.   ont donnée à moi.
Οὔ ποτε μὲν ἔχω   Jamais, à la vérité, je n'ai
γέρας ἴσον σοὶ,   une récompense égale à toi,
ὁππότε Ἀχαιοὶ ἐκπέρσωσι   quand les Achéens ont renversé
πτολίεθρον Τρώων   une ville des Troyens
εὐναιόμενον.   bien-habitée.
Ἀλλὰ μὲν ἐμαὶ χεῖρες   Mais à la vérité mes mains
διέπουσι τὸ πλεῖον   exécutent le plus
πολέμοιο πολυάϊκος·   du combat impétueux ;
ἀτὰρ ἤν ποτε   cependant, si par hasard
δασμὸς ἵκηται,   un partage est venu,
τὸ γέρας σοὶ   la récompense *est* à toi
πολὺ μεῖζον,   beaucoup plus grande,
ἐγὼ δὲ ἔρχομαι ἐπὶ νῆας   et moi je viens vers les vaisseaux
ἔχων ὀλίγον τε φίλον τε,   *en* ayant *une* et petite et agréable,
ἐπὴν κεκάμω   après que je me suis fatigué
πολεμίζων.   en combattant.
Νῦν δὲ εἶμι Φθίηνδε,   Or maintenant je vais à Phthie,
ἐπειὴ ἐστὶ πολὺ φέρτερον   puisqu'il est beaucoup meilleur

οἴκαδ᾽ ἴμεν σὺν νηυσὶ κορωνίσιν· οὐδέ σ᾽ ὀίω   170
ἐνθάδ᾽, ἄτιμος ἐὼν, ἄφενος καὶ πλοῦτον ἀφύξειν. »

Τὸν δ᾽ ἠμείβετ᾽ ἔπειτα ἄναξ ἀνδρῶν Ἀγαμέμνων·
« Φεῦγε μάλ᾽,[1] εἴ τοι θυμὸς ἐπέσσυται· οὐδέ σ᾽ ἔγωγε
λίσσομαι εἴνεχ᾽ ἐμεῖο μένειν· παρ᾽ ἔμοιγε καὶ ἄλλοι,
οἵ κέ με τιμήσουσι, μάλιστα δὲ μητίετα Ζεύς.   175
Ἔχθιστος δέ μοί ἐσσι Διοτρεφέων βασιλήων·
αἰεὶ γάρ τοι ἔρις τε φίλη, πόλεμοί τε, μάχαι τε.
Εἰ μάλα καρτερός ἐσσι, θεός που σοὶ τόγ᾽ ἔδωκεν.
Οἴκαδ᾽ ἰὼν σὺν νηυσί τε σῆς καὶ σοῖς ἑτάροισι,
Μυρμιδόνεσσιν[2] ἄνασσε· σέθεν δ᾽ ἐγὼ οὐκ ἀλεγίζω,   180
οὐδ᾽ ὄθομαι κοτέοντος. Ἀπειλήσω δέ τοι ὧδε·
ὡς ἔμ᾽ ἀφαιρεῖται Χρυσηίδα Φοῖβος Ἀπόλλων,
τὴν μὲν ἐγὼ σὺν νηί τ᾽ ἐμῇ καὶ ἐμοῖς ἑτάροισι
πέμψω, ἐγὼ δέ κ᾽ ἄγω Βρισηίδα[3] καλλιπάρῃον,
αὐτὸς ἰὼν κλισίηνδε, τὸ σὸν γέρας, ὄφρ᾽ εὖ εἰδῇς   185
ὅσσον φέρτερός εἰμι σέθεν, στυγέῃ δὲ καὶ ἄλλος

plus avantageux de retourner dans ma patrie sur mes vaisseaux à la proue recourbée. Je ne crois pas qu'après m'avoir outragé, tu puisses accroître ici et ta fortune et tes trésors. »

Agamemnon, roi des hommes, lui répondit : « Fuis donc, puisque ton cœur en a conçu le désir. Je ne te prie point de rester ici pour ma cause. Assez d'autres défenseurs m'honoreront sans toi, et surtout le prudent Jupiter. De tous les rois issus de lui, tu m'es sans contredit le plus odieux. Toujours tu as aimé la discorde, la guerre et les combats. Si ta valeur est grande, c'est à un dieu que tu la dois. Retourne avec tes vaisseaux et tes compagnons dans ta patrie, va régner sur tes Myrmidons; je n'ai de toi nul souci; je ne m'inquiète point de ta colère ; et même je te fais cette-menace : puisque Phébus Apollon m'enlève Chryséis, je la renverrai sur un de mes vaisseaux, escortée de mes amis; mais moi-même, allant dans ta tente, j'emmènerai Briséis aux belles joues, récompense de ta valeur, afin que tu saches bien que je suis plus puissant que toi, et aussi afin que tout autre craigne de

ἴμεν οἴκαδε	d'aller chez moi
σὺν νηυσὶ κορωνίσιν·	avec *mes* vaisseaux recourbés ;
οὐδὲ ὀίω σε,	et je ne pense pas toi,
ἐὼν ἄτιμος ,	*moi* étant sans-honneur ,
ἀφύξειν ἐνθάδε ἄφενος καὶ πλοῦτον.»	devoir recueillir ici gain et richesse.»
Ἀγαμέμνων δὲ	De son côté Agamemnon
ἄναξ ἀνδρῶν,	roi des hommes,
ἠμείβετο ἔπειτα τόν·	répondit ensuite à lui :
« Φεῦγε μάλα ,	« Fuis, certes,
εἰ θυμὸς τοὶ ἐπέσσυται·	si le cœur à toi *y* est porté ;
ἔγωγε δὲ οὐ λίσσομαι σὲ	et moi au moins je ne prie pas toi
μένειν εἵνεκα ἐμεῖο·	de rester à cause de moi.
παρὰ ἔμοιγε καὶ ἄλλοι ,	Auprès de moi *sont* encore d'autres
οἵ κε τιμήσουσί με,	qui honoreront moi ,
μάλιστα δὲ μητίετα Ζεύς.	et surtout le prévoyant Jupiter.
Ἐσσὶ δέ μοι ἔχθιστος	Et tu es pour moi le plus odieux
βασιλήων Διοτρεφέων·	des rois élèves-de-Jupiter.
αἰεὶ γὰρ φίλη σοὶ	Car toujours *est* agréable à toi
ἔρις τε, πόλεμοί τε,	et la querelle , et les guerres ,
μάχαι τε.	et les combats.
Εἰ ἐσσὶ μάλα καρτερὸς,	Si tu es beaucoup courageux ,
θεός που ἔδωκε σοὶ τόγε.	un dieu sans doute a donné à toi cela.
Ἰὼν οἴκαδε σύν τε σῆς νηυσὶ	Allant chez toi et avec tes vaisseaux
καὶ σοῖς ἑτάροισιν,	et *avec* tes compagnons,
ἄνασσε Μυρμιδόνεσσιν·	règne sur les Myrmidons.
ἐγὼ δὲ οὐκ ἀλεγίζω σέθεν,	Or moi, je ne m'inquiète pas de toi,
οὐδὲ ὄθομαι κοτέοντος.	ni ne m'occupe de *toi* irrité.
Ἀπειλήσω δέ τοι ὧδε ·	Et je menacerai toi ainsi :
ὡς Φοῖβος Ἀπόλλων	puisque Phébus Apollon
ἀφαιρεῖται ἐμὲ Χρυσηίδα,	enlève à moi Chryséis ,
ἐγὼ μὲν πέμψω τὴν	à la vérité moi j'enverrai elle
σύν τε ἐμῇ νηὶ	et avec mon vaisseau
καὶ ἐμοῖς ἑτάροισιν·	et avec mes compagnons ;
ἐγὼ δέ κε ἄγω	et moi j'emmènerai
Βρισηίδα καλλιπάρηον,	Briséis aux-belles-joues ,
τὸ σὸν γέρας,	ta récompense ,
ἰὼν αὐτὸς κλισίηνδε,	allant moi-même dans *ta* tente ,
ὄφρα εἰδῇς εὖ	afin que tu saches bien
ὅσσον εἰμὶ φέρτερος σέθεν,	combien je suis plus puissant que toi,
καὶ ἄλλος δὲ στυγέῃ	et *qu'*aussi un autre craigne

ἴσον ἐμοὶ φάσθαι, καὶ ὁμοιωθήμεναι ἄντην. »

. Ὣς φάτο· Πηλείωνι δ' ἄχος γένετ', ἐν δέ οἱ ἦτορ
στήθεσσιν λασίοισι διάνδιχα μερμήριξεν1
ἢ ὅγε φάσγανον ὀξὺ ἐρυσσάμενος παρὰ μηροῦ,   190
τοὺς μὲν ἀναστήσειεν, ὁ δ' Ἀτρείδην ἐναρίξοι,
ἠὲ χόλον παύσειεν, ἐρητύσειέ τε θυμόν.
Ἕως ὁ ταῦθ' ὥρμαινε κατὰ φρένα καὶ κατὰ θυμόν,
ἕλκετο δ' ἐκ κολεοῖο μέγα ξίφος, ἦλθε δ' Ἀθήνη
οὐρανόθεν· πρὸ γὰρ ἧκε θεὰ λευκώλενος Ἥρη,   195
ἄμφω ὁμῶς θυμῷ φιλέουσά τε, κηδομένη τε.
Στῆ δ' ὄπιθεν, ξανθῆς δὲ κόμης ἕλε Πηλείωνα,
οἴῳ φαινομένη· τῶν δ' ἄλλων οὔτις ὁρᾶτο.
Θάμβησεν δ' Ἀχιλεύς, μετὰ δ' ἐτράπετ'· αὐτίκα δ' ἔγνω
Παλλάδ' Ἀθηναίην· δεινὼ δέ οἱ2ὄσσε φάανθεν·   200
καί μιν φωνήσας ἔπεα πτερόεντα προςηύδα·

« Τίπτ' αὖτ', αἰγιόχοιο Διὸς τέκος, εἰλήλουθας;
ἢ ἵνα ὕβριν ἴδῃ Ἀγαμέμνονος Ἀτρείδαο;
Ἀλλ' ἔκ τοι ἐρέω, τὸ δὲ καὶ τελέεσθαι ὀίω·
ἧς ὑπεροπλίῃσι τάχ' ἄν ποτε θυμὸν ὀλέσσῃ. »   205

se dire mon égal, et, en ma présence, de se comparer à moi. »

Il dit; le fils de Pélée fut en proie à la douleur; et, dans sa mâle poitrine, son cœur balança entre deux résolutions : s'armera-t-il du glaive acéré qui pend à son côté, pour disperser la foule et immoler Agamemnon? ou bien, commandant à sa colère, en comprimera-t-il les transports? Tandis qu'il roulait ces pensées au fond de son âme et qu'il tirait du fourreau sa grande épée, Minerve descendit du ciel, envoyée par Junon, la déesse aux bras blancs, qui chérissait également les deux guerriers et veillait sur leurs jours. Elle se tint derrière le fils de Pélée, visible alors pour lui, invisible à tout autre, et le saisit par sa blonde chevelure. Achille, frappé de surprise, se retourna, et reconnut aussitôt Pallas Minerve, dont les regards lui parurent terribles. Il adresse la parole à la déesse, et les mots volent de sa bouche :

« Fille de Jupiter qui porte l'égide, pourquoi es-tu donc venue? est-ce pour être témoin des outrages dont m'accable Agamemnon, fils d'Atrée? Mais je te le déclare, et je crois que ma prédiction s'accomplira : bientôt son insolence lui coûtera la vie. »

φάσθαι ἴσον ἐμοὶ,
καὶ ὁμοιωθήμεναι ἄντην.»
Φάτο ὥς· ἄχος δὲ
γένετο Πηλείωνι,
ἦτορ δέ οἱ
ἐν στήθεσσι λασίοισι
μερμήριξε διάνδιχα,
ἦ ὅγε ἐρυσσάμενος .
παρὰ μηροῦ φάσγανον ὀξὺ,
ἀναστήσειε μὲν τοὺς,
ὁ δὲ ἐναρίξοι Ἀτρείδην,
ἠὲ παύσειε χόλον,
ἐρητύσειέ τε θυμόν.
Ἕως ὁ ὥρμαινε ταῦτα
κατὰ φρένα καὶ κατὰ θυμὸν,
Ἕλκετο δὲ ἐκ κολεοῖο
μέγα ξίφος, Ἀθήνη δὲ
ἦλθεν οὐρανόθεν· Ἥρη γὰρ
θεὰ λευκώλενος προῆκε,
φιλέουσά τε ἄμφω θυμῷ,
κηδομένη τε ὁμῶς.
Στῆ δὲ ὄπιθεν,
Ἕλε δὲ Πηλείωνα
κόμης ξανθῆς,
ταινομένη οἴῳ·
αὖτις δὲ τῶν ἄλλων ὁρᾶτο.
Ἀχιλεὺς δὲ θάμβησε,
μετετράπετο δέ· αὐτίκα δὲ
ἔγνω Παλλάδα Ἀθηναίην·
ὄσσε δὲ φάανθέν οἱ δεινώ·
καὶ φωνήσας μιν
προσηύδα ἔπεα πτερόεντα·
«Τίπτε αὖτε εἰλήλουθας,
τέκος Διὸς αἰγιόχοιο;
ἦ ἵνα ἴδῃ ὕβριν
Ἀγαμέμνονος Ἀτρείδαο;
Ἀλλὰ ἐξερέω τοι,
ὅτω δὲ τὸ καὶ τελέεσθαι·
τάχα ποτὲ ἂν ὀλέσσῃ θυμὸν
ἧς ὑπεροπλίῃσι.»

de se dire égal à moi,
et de se comparer *à moi* en face. »
Il parla ainsi ; et le chagrin
fut au fils-de-Pélée,
et le cœur à lui,
dans *sa* poitrine velue,
délibéra entre-deux-partis,
ou si lui ayant tiré
d'auprès de sa cuisse *son* glaive aigu,
et il écarterait les uns,
et il tuerait Atride,
ou si il ferait-cesser *sa* colère,
et arrêterait *sa* fureur.
Tandis que lui agitait ces choses
dans *son* esprit et dans *son* cœur,
et qu'il tirait du fourreau
sa grande épée, alors Minerve
vint du ciel ; car Junon,
déesse aux-bras-blancs, *l'*envoya,
et *les* aimant tous-deux dans *son*
et ayant-souci *d'eux* également [cœur
Or elle se tint par derrière,
et saisit le fils-de-Pélée
par *sa* chevelure blonde,
apparaissant à lui-seul ;
et aucun des autres ne *la* voyait
Alors Achille fut surpris,
puis il se retourna ; et aussitôt
il reconnut Pallas Minerve ;
or *ses* yeux parurent à lui terribles ;
et ayant interpellé elle,
il dit des paroles ailées :
« Or pourquoi es-tu venue,
enfant de Jupiter qui-tient-l'égide ?
est-ce afin que tu voies l'insolence
d'Agamemnon, fils-d'Atrée ?
Mais je *le* dirai à toi,
et je pense cela devoir s'accomplir :
bientôt enfin il perdra la vie
par ses insolences. »

Τὸν δ' αὖτε προςέειπε θεὰ γλαυκῶπις Ἀθήνη·
« Ἦλθον ἐγὼ παύσουσα τὸ σὸν μένος, αἴ κε πίθηαι,
οὐρανόθεν· πρὸ δέ μ' ἧκε θεὰ λευκώλενος Ἥρη,
ἄμφω ὁμῶς θυμῷ φιλέουσά τε, κηδομένη τε.
Ἀλλ' ἄγε, λῆγ' ἔριδος, μηδὲ ξίφος ἕλκεο χειρί·   210
ἀλλ' ἤτοι ἔπεσιν μὲν ὀνείδισον, ὡς ἔσεταί περ.
Ὧδε γὰρ ἐξερέω, τὸ δὲ καὶ τετελεσμένον ἔσται·
καί ποτέ τοι τρὶς τόσσα παρέσσεται ἀγλαὰ δῶρα
ὕβριος εἴνεκα τῆςδε· σὺ δ' ἴσχεο, πείθεο δ' ἡμῖν. »

Τὴν δ' ἀπαμειβόμενος προςέφη πόδας ὠκὺς Ἀχιλλεύς· 215
« Χρὴ μὲν σφωΐτερόν γε, θεά, ἔπος εἰρύσσασθαι,
καὶ μάλα περ θυμῷ κεχολωμένον· ὡς γὰρ ἄμεινον.
Ὅς κε θεοῖς ἐπιπείθηται, μάλα τ' ἔκλυον αὐτοῦ. »

Ἦ, καὶ ἐπ' ἀργυρέῃ κώπῃ σχέθε χεῖρα βαρεῖαν·
ἂψ δ' ἐς κουλεὸν ὦσε μέγα ξίφος, οὐδ' ἀπίθησε   220
μύθῳ Ἀθηναίης. Ἡ δ' Οὐλυμπόνδε βεβήκει
δώματ' ἐς αἰγιόχοιο Διὸς, μετὰ δαίμονας ἄλλους.
Πηλείδης δ' ἐξαῦτις ἀταρτηροῖς ἐπέεσσιν

Minerve, la déesse aux yeux bleus, lui répondit : « Je suis venue du ciel pour apaiser ta colère, si toutefois tu consens à m'obéir. Junon m'envoie, Junon, la déesse aux bras blancs, qui vous chérit tous deux, et veille également sur vos jours. Allons, cesse cette querelle ; ne tire pas l'épée ; du reste, tu peux l'outrager en paroles, de la manière que tu jugeras convenable. Je te le déclare, et ma promesse s'accomplira : un jour des dons brillants, trois fois plus nombreux, te seront offerts en réparation de cette injure. Mais retiens ta colère, et soumets-toi à mes ordres. »

Reprenant alors la parole, Achille aux pieds légers lui dit : « Je dois, ô déesse, respecter vos lois, quelque violente que soit ma fureur ; c'est le parti le plus sage. Quiconque obéit aux dieux, s'en fait écouter plus favorablement. »

Il dit, appuya une main pesante sur la poignée d'argent, repoussa dans le fourreau sa grande épée, et ainsi ne désobéit point à l'ordre de Minerve. La déesse retourna dans l'Olympe, demeure de Jupiter qui porte l'égide, au milieu des immortels.

Cependant le fils de Pélée adressa de nouveau à Atride d'ou-

Αὖτε δὲ Ἀθήνη,	Or, de son côté, Minerve,
θεὰ γλαυκῶπις, προσέειπε τόν ·	déesse aux-yeux-bleus, dit à lui :
« Ἐγὼ ἦλθον οὐρανόθεν	« Moi je suis venue du ciel,
παύσουσα τὸ σὸν μένος,	devant faire-cesser ta colère,
αἴ κε πίθηαι ·	si toutefois tu m'obéis ;
Ἥρη δὲ, θεὰ λευκώλενος,	or Junon, déesse aux-bras-blancs,
προῆκέ με,	a envoyé moi, [cœur,
φιλέουσά τε ἄμφω θυμῷ,	et vous aimant tous-deux dans son
κηδομένη τε ὁμῶς.	et ayant-souci de vous également.
Ἀλλὰ ἄγε, λῆγε ἔριδος,	Mais allons, cesse la dispute,
μηδὲ ἕλκεο ξίφος χειρί ·	et ne tire pas l'épée de ta main ;
ἀλλὰ ἦτοι μὲν ὀνείδισον ἔπεσιν,	au reste, certes injurie en paroles,
ὥσπερ ἔσεται.	de quelque manière que ce sera.
Ἐξερέω γὰρ ὧδε,	Car je le dirai ainsi,
τὸ δὲ καὶ ἔσται τετελεσμένον ·	et cela aussi sera accompli ;
καὶ ποτὲ παρέσσεται τοὶ	oui, un jour, il arrivera à toi
τρὶς τόσσα δῶρα ἀγλαὰ	trois fois autant de présents brillants
εἵνεκα τῆςδε ὕβριος ·	à cause de cet outrage ;
σὺ δὲ ἴσχεο, πείθεο δὲ ἡμῖν. »	mais toi, contiens-toi, et obéis à nous. »
Ἀπαμειβόμενος δὲ	Alors reprenant-la-parole,
Ἀχιλλεὺς ὠκὺς πόδας	Achille léger-quant-aux-pieds
προσέφη τήν ·	dit à elle :
« Χρὴ μέν γε, θεὰ,	« A la vérité il faut au moins, déesse,
εἰρύσσασθαι ἔπος σφωΐτερον,	observer votre parole à toutes-deux,
καίπερ κεχολωμένον μάλα θυμῷ ·	quoique irrité beaucoup dans le cœur ;
ἄμεινον γὰρ ὥς.	car il est mieux ainsi.
Ὅς κεν ἐπιπείθηται θεοῖς,	Quiconque aura obéi aux dieux,
ἔκλυόν τε μάλα αὐτοῦ. »	ils ont entendu aussi beaucoup lui. »
Ἦ, καὶ σχέθε χεῖρα βαρεῖαν	Il dit, et appuya une main pesante
ἐπὶ κώπῃ ἀργυρέῃ ·	sur la garde d'-argent ;
ὦσε δὲ ἄψ	et il poussa en arrière
ἐς κουλεὸν μέγα ξίφος,	dans le fourreau la grande épée,
οὐδὲ ἀπίθησε	et il ne désobéit pas
μύθῳ Ἀθηναίης.	à l'ordre de Minerve.
Ἡ δὲ βεβήκει Οὔλυμπόνδε	Alors celle-ci s'en alla vers l'Olympe,
ἐς δώματα Διὸς	dans les demeures de Jupiter
αἰγιόχοιο,	qui-tient-l'égide,
μετὰ ἄλλους δαίμονας.	parmi les autres divinités.
Πηλείδης δὲ ἐξαῦτις	Mais le fils-de-Pélée de nouveau
προσέειπεν Ἀτρείδην	interpella le fils-d'Atrée

Ἀτρείδην προςέειπε, καὶ οὔπω λῆγε χόλοιο·

« Οἰνοβαρὲς, κυνὸς ὄμματ' ἔχων, κραδίην δ' ἐλάφοιο,   225
οὔτε ποτ' ἐς πόλεμον ἅμα λαῷ θωρηχθῆναι
οὔτε λόχονδ' ἰέναι σὺν ἀριστήεσσιν Ἀχαιῶν
τέτληκας θυμῷ· τὸ δέ τοι κὴρ εἴδεται εἶναι.
Ἦ πολὺ λώϊόν ἐστι, κατὰ στρατὸν εὐρὺν Ἀχαιῶν
δῶρ' ἀποαιρεῖσθαι, ὅςτις σέθεν ἀντίον εἴπῃ.   230
Δημοβόρος βασιλεὺς, ἐπεὶ οὐτιδανοῖσιν ἀνάσσεις·
ἦ γὰρ ἄν, Ἀτρείδη, νῦν ὕστατα λωβήσαιο.
Ἀλλ' ἔκ τοι ἐρέω, καὶ ἐπὶ μέγαν ὅρκον ὀμοῦμαι·
ναὶ μὰ τόδε σκῆπτρον, τὸ μὲν οὔποτε φύλλα καὶ ὄζους
φύσει, ἐπειδὴ πρῶτα τομὴν ἐν ὄρεσσι λέλοιπεν,   235
οὐδ' ἀναθηλήσει· περὶ γάρ ῥά ἑ χαλκὸς ἔλεψεν
φύλλα τε καὶ φλοιόν· νῦν αὐτέ μιν υἷες Ἀχαιῶν
ἐν παλάμῃς φορέουσι δικασπόλοι, οἵτε θέμιστας
πρὸς Διὸς εἰρύαται· ὁ δέ τοι μέγας ἔσσεται ὅρκος·
ἦ ποτ' Ἀχιλλῆος ποθὴ ἵξεται υἷας Ἀχαιῶν   240
σύμπαντας· τοῖς δ' οὔτι δυνήσεαι, ἀχνύμενός περ,

trageantes paroles; car sa colère ne s'était pas encore apaisée.

« Homme appesanti par le vin! toi qui au regard impudent du chien joins le cœur du cerf! jamais tu n'as eu le courage de t'armer pour combattre à la tête de l'armée, ou de te poster en embuscade avec nos chefs les plus braves. Ces périls te sembleraient la mort. Sans doute il t'est plus facile, dans le vaste camp des Grecs, d'enlever les récompenses d'un guerrier qui t'aura contredit ; tu es un monarque qui te rassasies du sang de tes peuples, parce que tu règnes sur des lâches : car autrement, Atride, tu aurais été insolent pour la dernière fois. Mais je te le déclare, et je jure, serment inviolable! par ce sceptre, qui certes ne poussera plus jamais de feuilles ni de rameaux, parce qu'autrefois il a été séparé de son tronc sur les montagnes, et qui ne fleurira plus, car l'airain l'a dépouillé de sa verdure et de son écorce ; par ce sceptre que portent aujourd'hui à la main les fils des Grecs, organes de la justice, à qui Jupiter a confié la garde des lois... et ce serment te sera funeste ! Un jour les Grecs regretteront Achille absent, eux que, malgré ta douleur, tu ne pourras secourir, quand ils tomberont en

ἐπέεσσιν ἀταρτηροῖς,   avec des paroles outrageantes,

καὶ οὔπω λῆγε χόλοιο ·   et ne cessait pas encore *sa* colère :

« Οἰνοβαρὲς,   « *Homme* appesanti-par-le-vin,

ἔχων ὄμματα κυνὸς,   ayant des yeux de chien

κραδίην δὲ ἐλάφοιο,   et un cœur de cerf,

οὔτε ποτὲ θυμῷ τέτληκας   et jamais dans le cœur tu n'as osé

θωρηχθῆναι ἐς πόλεμον   avoir été armé pour la guerre

ἅμα λαῷ,   ensemble avec le peuple,

οὔτε ἰέναι λόχονδε   ni aller en embuscade

σὺν ἀριστήεσσιν Ἀχαιῶν · avec les premiers des Achéens ;

τὸ δὲ εἴδεται τοὶ εἶναι κήρ. mais cela semble à toi être la mort.

Ἦ ἐστὶ πολὺ λώϊον   Sans doute, il est beaucoup mieux,

κατὰ στρατὸν εὐρὺν Ἀχαιῶν à travers l'armée vaste des Achéens,

ἀποαιρεῖσθαι δῶρα,   d'enlever les présents

ὅστις εἴπῃ ἀντίον σέθεν. *de* quiconque a parlé au contraire de toi.

Βασιλεὺς δημοβόρος,   *Tu es* un roi qui-dévores-tes-peuples,

ἐπεὶ ἀνάσσεις   parce que tu règnes

οὐτιδανοῖσιν ·   sur des hommes-de-rien ;

ἦ γὰρ, Ἀτρείδη, νῦν   car autrement, Atride, aujourd'hui

ἂν λωβήσαιο ὕστατα.   tu aurais insulté pour la dernière fois.

Ἀλλὰ ἐξερέω τοι, καὶ ἐπὶ Mais je *le* dirai à toi, et de plus

ὀμοῦμαι μέγαν ὅρκον ·   je jurerai un grand serment :

καὶ μὰ τόδε σκῆπτρον,   oui, par ce sceptre,

τὸ μὲν οὔποτε φύσει   lequel certes plus jamais ne poussera

φύλλα καὶ ὄζους,   de feuilles et de rameaux,

ἐπειδὴ πρῶτα λέλοιπε   depuis que une-première-fois il a laissé

τομὴν ἐν ὄρεσσιν,   *son* tronc sur les montagnes,

οὐδὲ ἀναθηλήσει ·   et *lequel* ne repoussera *plus* ;

χαλκὸς γάρ ῥα περὶ ἑ   car certes l'airain autour de lui

ἔλεψε φύλλα τε καὶ φλοιόν · a ôté et les feuilles et l'écorce ;

νῦν αὖτε υἷες Ἀχαιῶν   maintenant ensuite les fils des Grecs,

δικασπόλοι, οἵ τε εἰρύαται rendant-la-justice, et qui gardent

θέμιστας πρὸς Διὸς,   les lois de la part de Jupiter,

φορέουσί μιν ἐν παλάμῃς · portent lui dans les mains ;

ὁ δὲ ὅρκος ἔσσεται μέγας τοι · or le serment sera grand pour toi :

ἦ ποτε ποθὴ Ἀχιλλῆος certes un jour le regret d'Achille

ἵξεται υἷας Ἀχαιῶν   viendra aux fils des Achéens,

σύμπαντας ·   tous ensemble;   [fligé

σὺ δυνήσεαι δέ τι, ἀχνύμενός περ, et tu ne pourras en rien, quoique af-

χραισμεῖν τοῖς,   être-utile à eux,

χραισμεῖν, εὖτ' ἂν πολλοὶ ὑφ' Ἔκτορος ἀνδροφόνοιο
θνήσκοντες πίπτωσι· σὺ δ' ἔνδοθι θυμὸν ἀμύξεις,
χωόμενος, ὅτ' ἄριστον Ἀχαιῶν οὐδὲν ἔτισας. »
    Ὣς φάτο Πηλείδης· ποτὶ δὲ σκῆπτρον βάλε γαίη,   245
χρυσείοις ἥλοισι πεπαρμένον, ἕζετο δ' αὐτός.
Ἀτρείδης δ' ἑτέρωθεν ἐμήνιε. Τοῖσι δὲ Νέστωρ
ἡδυεπὴς ἀνόρουσε, λιγὺς Πυλίων ἀγορητής,
τοῦ καὶ ἀπὸ γλώσσης μέλιτος γλυκίων ῥέεν αὐδή·
τῷ δ' ἤδη δύο μὲν γενεαὶ μερόπων ἀνθρώπων[2]   250
ἐφθίαθ', οἵ οἱ πρόσθεν ἅμα τράφεν ἠδ' ἐγένοντο
ἐν Πύλῳ[3] ἠγαθέῃ, μετὰ δὲ τριτάτοισιν ἄνασσεν.
    Ὅ σφιν ἐϋφρονέων ἀγορήσατο καὶ μετέειπεν·
« Ὦ πόποι, ἦ μέγα πένθος Ἀχαιΐδα γαῖαν ἱκάνει·
ἦ κεν γηθήσαι Πρίαμος, Πριάμοιό τε παῖδες,   265
ἄλλοι τε Τρῶες μέγα κεν κεχαροίατο θυμῷ,
εἰ σφῶϊν τάδε πάντα πυθοίατο μαρναμένοιϊν,
οἳ περὶ μὲν βουλὴν Δαναῶν, περὶ δ' ἐστὲ μάχεσθαι.
Ἀλλὰ πίθεσθ'· ἄμφω δὲ νεωτέρω ἐστὸν ἐμεῖο.

foule expirants sous les coups de l'homicide Hector. Alors des remords
secrets déchireront ton âme, et tu t'irriteras de n'avoir point honoré
le plus vaillant des Grecs. »

Ainsi parla le fils de Pélée, puis il jeta contre terre son sceptre par-
semé de clous d'or, et s'assit. Atride, de son côté, frémissait de colère. Alors au milieu de l'assemblée se leva Nestor au doux langage,
orateur harmonieux de Pylos, des lèvres duquel coulaient des paroles
plus suaves que le miel. Déjà il avait vu s'éteindre deux générations
d'hommes qui avaient été élevées et avaient vécu avec lui dans la
divine Pylos ; et il régnait alors sur la troisième. Dans sa bienveillance
pour les Grecs, il s'exprima ainsi :

« Dieux puissants, la Grèce entière va se couvrir de deuil ! Quelle
joie pour Priam, pour ses fils et les autres Troyens, s'ils apprenaient
ce qui cause entre vous deux de si tristes débats, vous qui, au conseil
et sur les champs de bataille, l'emportez sur tous les Grecs ! Ah ! lais-
sez-vous persuader : vous êtes l'un et l'autre plus jeunes que moi. J'ai

εὖτε πολλοὶ ἂν πίπτωσι	lorsque nombreux ils tomberont
θνήσκοντες ὑπὸ Ἕκτορος	mourants sous Hector
ἀνδροφόνοιο· σὺ δὲ	homicide ; mais toi
ἀμύξεις θυμὸν	tu déchireras ton cœur
ἔνδοθι, χωόμενος,	en dedans, étant irrité,
ὅτι ἔτισας οὐδὲν	parce que tu n'as honoré en rien
ἄριστον Ἀχαιῶν. »	le plus courageux des Achéens. »
Πηλείδης φάτο ὥς·	Le fils-de-Pélée parla ainsi ;
βάλε δὲ ποτὶ γαίῃ σκῆπτρον,	puis il jeta contre terre *son* sceptre
πεπαρμένον ἥλοισι χρυσείοις,	percé de clous d'-or,
ἕζετο δὲ αὐτός.	et il s'assit lui-même.
Ἀτρείδης δὲ ἑτέρωθεν	Mais le fils-d'Atrée, d'un autre côté,
ἐμήνιε. Τοῖσι δὲ	était en fureur. Alors *au milieu* d'eux
ἀνόρουσε Νέστωρ ἡδυεπής,	se leva Nestor au-doux-parler,
λιγὺς ἀγορητὴς Πυλίων,	harmonieux orateur des Pyliens,
καὶ ἀπὸ γλώσσης τοῦ ῥέεν	et de la langue duquel coulait
αὐδὴ γλυκίων μέλιτος·	une parole plus douce que le miel.
τῷ δὲ ἤδη μὲν δύο γενεαὶ	Or devant-lui déjà deux générations
ἀνθρώπων μερόπων	d'hommes à-la-voix-articulée
ἐφθίατο,	avaient péri,
οἳ πρόσθεν τράφεν	lesquels précédemment furent nourris
ἠδὲ ἐγένοντο ἅμα οἱ	et existèrent avec lui
ἐν ἠγαθέῃ Πύλῳ,	dans la divine Pylos,
ἄνασσε δὲ μετὰ τριτάτοισιν	et il régnait parmi les troisièmes.
Ὁ εὐφρονέων σφιν	Celui-ci, bienveillant pour eux,
ἀγορήσατο καὶ μετέειπεν·	prit-la-parole et dit :
« Ὢ πόποι, ἦ μέγα πένθος	« O dieux, certes un grand deuil
ἱκάνει γαῖαν Ἀχαιΐδα·	vient sur la terre Achéenne.
ἦ Πρίαμός κεν γηθήσαι,	Certainement Priam se réjouirait,
παῖδές τε Πριάμοιο,	et les enfants de Priam,
ἄλλοι τε Τρῶές κεν κεχαροίατο	et les autres Troyens se réjouiraient
μέγα θυμῷ,	grandement dans *leur* cœur,
εἰ πυθοίατο πάντα τάδε	si ils apprenaient toutes ces choses
σφῶϊν μαρναμένοιῖν,	sur vous-deux vous-disputant,
οἳ μὲν περίεστε Δαναῶν	*vous* qui êtes au-dessus des Grecs
βουλήν,	pour le conseil,
περὶ δὲ μάχεσθαι.	et au-dessus *d'eux* pour combattre
Ἀλλὰ πίθεσθε·	Mais soyez persuadés ;
ἐστὸν δὲ ἄμφω	or vous êtes tous-deux
νεωτέρω ἐμεῖο.	plus jeunes que moi.

Ἤδη γάρ ποτ᾽ ἐγὼ καὶ ἀρείοσιν, ἠέπερ ἡμῖν,   260
ἀνδράσιν ὡμίλησα, καὶ οὔποτέ μ᾽ οἵγ᾽ ἀθέριζον.
Οὐ γάρ πω τοίους ἴδον ἀνέρας, οὐδὲ ἴδωμαι,
οἶον Πειρίθοόν τε, Δρύαντά τε, ποιμένα λαῶν,
Καινέα τ᾽, Ἐξάδιόν τε καὶ ἀντίθεον Πολύφημον,
[Θησέα τ᾽ Αἰγείδην, ἐπιείκελον ἀθανάτοισιν.]   265
Κάρτιστοι δὴ κεῖνοι ἐπιχθονίων τράφεν ἀνδρῶν·
κάρτιστοι μὲν ἔσαν, καὶ καρτίστοις ἐμάχοντο,
Φηρσὶν ὀρεσκῴοισι, καὶ ἐκπάγλως ἀπόλεσσαν.
Καὶ μὲν τοῖσιν ἐγὼ μεθομίλεον, ἐκ Πύλου ἐλθὼν,
τηλόθεν ἐξ ἀπίης γαίης· καλέσαντο γὰρ αὐτοί·   270
καὶ μαχόμην κατ᾽ ἔμ᾽ αὐτὸν ἐγώ· κείνοισι δ᾽ ἂν οὔτις
τῶν, οἳ νῦν βροτοί εἰσιν ἐπιχθόνιοι, μαχέοιτο.
Καὶ μέν μευ βουλέων ξύνιον, πείθοντό τε μύθῳ.
Ἀλλὰ πίθεσθε καὶ ὔμμες· ἐπεὶ πείθεσθαι ἄμεινον.
Μήτε σὺ τόνδ᾽, ἀγαθός περ ἐὼν, ἀποαίρεο κούρην,   275
ἀλλ᾽ ἔα, ὥς οἱ πρῶτα δόσαν γέρας υἷες Ἀχαιῶν·
μήτε σὺ, Πηλείδη, θέλ᾽ ἐριζέμεναι βασιλῆϊ

autrefois vécu avec des guerriers qui vous surpassaient en valeur ; jamais ils n'ont dédaigné de m'écouter. Non, je n'ai jamais vu, jamais
je ne verrai des hommes tels que Pirithoüs, Dryas, pasteur des peuples, Cénée, Exadius, Polyphème, égal aux dieux, et le fils d'Égée,
Thésée, semblable aux immortels. La terre n'a point nourri d'hommes
plus vaillants : formidables eux-mêmes, ils combattirent de formidables adversaires, les Centaures, habitants des montagnes, et les exterminèrent par des coups terribles. Venu d'une terre lointaine, de Pylos, je vécus dans leur familiarité ; car ils m'avaient appelé ; et je
combattis selon mes forces. De tous les mortels que porte aujourd'hui
la terre, aucun ne se mesurerait avec eux ; et pourtant ils écoutaient
ma voix, ils suivaient mes conseils. Vous aussi, ne les repoussez pas ;
c'est le parti le plus sage. Toi, quel que soit ton rang, n'enlève pas la
jeune captive à Achille : laisse-lui un prix que les enfants de la Grèce
lui ont d'abord accordé! Et toi, fils de Pélée, ne t'obstine pas à lutter

Ἤδη γὰρ ποτὲ ἐγὼ	Car déjà autrefois moi
καὶ ὡμίλησα ἀνδράσιν	et j'ai fréquenté des guerriers
ἀρείοσιν ἠέπερ ἡμῖν,	plus braves que nous,
καὶ οὔ ποτε οἴ γε ἀθέριζόν με.	et jamais ceux-ci n'ont méprisé moi.
Οὔπω γὰρ ἴδον	Car pas encore je n'ai vu
οὐδὲ ἴδωμαι ἀνέρας τοίους,	ni ne verrai des hommes tels,
οἷον Πειρίθοόν τε, Δρύαντά τε,	comme et Pirithoüs, et Dryas,
ποιμένα λαῶν,	pasteur des peuples,
Καινέα τε, Ἐξάδιόν τε,	et Cénée, et Exadius,
καὶ Πολύφημον ἀντίθεον,	et Polyphême, semblable à un dieu,
[Θησέα τε Αἰγείδην,	[et Thésée, fils-d'Égée,
ἐπιείκελον ἀθανάτοισιν.]	semblable aux immortels.]
Κεῖνοι δὴ τράφεν	Certes ceux-ci furent nourris
κάρτιστοι ἀνδρῶν ἐπιχθονίων·	les plus bravesdes hommes terrestres
ἔσαν μὲν κάρτιστοι,	à la vérité ils étaient les plus braves
καὶ ἐμάχοντο καρτίστοις,	et combattaient avec les plus braves,
Φηρσὶν ὀρεσκώοισι,	les Centaures des-montagnes,
καὶ ἀπόλεσσαν	et ils les exterminèrent
ἐκπάγλως.	d'une manière terrible.
Καὶ μὲν ἐγὼ μεθομίλεον	Et à la vérité moi je me trouvai
τοῖσιν, ἐλθὼν ἐκ Πύλου,	avec eux, étant venu de Pylos,
τηλόθεν ἐκ γαίης ἀπίης·	de loin, d'une terre éloignée ;
αὐτοὶ γὰρ καλέσαντο·	car eux-mêmes m'appelèrent,
καὶ ἐγὼ μαχόμην	et moi je combattais
κατὰ ἐμὲ αὐτόν·	suivant moi-même ;
οὔτις δὲ τῶν, οἳ εἰσι νῦν	or aucun de ceux qui sont maintenant
βροτοὶ ἐπιχθόνιοι,	hommes terrestres,
ἂν μαχέοιτο κείνοισι.	ne combattrait avec ceux-là.
Καὶ μὲν ξύνιον	Et à la vérité ils écoutaient
βουλέων μευ,	les conseils de moi,
πείθοντό τε μύθῳ.	et ils obéissaient à ma parole.
Ἀλλὰ ὕμμες καὶ πίθεσθε.	Mais vous aussi, obéissez,
ἐπεὶ ἄμεινον πείθεσθαι.	puisqu'il est meilleur d'obéir.
Σύ τε, ἐών περ ἀγαθὸς,	Et toi, quoique étant brave,
μὴ ἀποαίρεο κούρην τόνδε,	n'enlève pas la jeune-fille à lui,
ἀλλὰ ἔα, ὡς πρῶτα	mais laisse, puisque d'abord
υἷες Ἀχαιῶν δόσαν	les fils des Achéens ont donné
οἱ γέρας·	à lui cette récompense.
σύ τε, Πηλείδη,	Et toi, fils de Pélée,
μὴ θέλε ἐριζέμεναι	ne veuille pas lutter

ἀντιβίην· ἐπεὶ οὔποθ' ὁμοίης ἔμμορε τιμῆς
σκηπτοῦχος βασιλεύς, ᾧτε Ζεὺς κῦδος ἔδωκεν.
Εἰ δὲ σὺ καρτερός ἐσσι, θεὰ δέ σε γείνατο μήτηρ,   280
ἀλλ' ὅγε φέρτερός ἐστιν, ἐπεὶ πλεόνεσσιν ἀνάσσει.
Ἀτρείδη, σὺ δὲ παῦε τεὸν μένος· αὐτὰρ ἔγωγε
λίσσομ', Ἀχιλλῆϊ μεθέμεν χόλον, ὃς μέγα πᾶσιν
ἕρκος Ἀχαιοῖσιν πέλεται πολέμοιο κακοῖο. »
    Τὸν δ' ἀπαμειβόμενος προσέφη κρείων Ἀγαμέμνων·   285
« Ναὶ δὴ ταῦτά γε πάντα, γέρον, κατὰ μοῖραν ἔειπες.
Ἀλλ' ὅδ' ἀνὴρ ἐθέλει περὶ πάντων ἔμμεναι ἄλλων,
πάντων μὲν κρατέειν ἐθέλει, πάντεσσι δ' ἀνάσσειν,
πᾶσι δὲ σημαίνειν, ἅ τιν' οὐ πείσεσθαι ὀΐω.
Εἰ δέ μιν αἰχμητὴν ἔθεσαν θεοὶ αἰὲν ἐόντες,   290
τούνεκά οἱ προθέουσιν ὀνείδεα μυθήσασθαι ; »
    Τὸν δ' ἄρ' ὑποβλήδην ἠμείβετο δῖος Ἀχιλλεύς·
« Ἦ γάρ κεν δειλός τε καὶ οὐτιδανὸς καλεοίμην,
εἰ δὴ σοὶ πᾶν ἔργον ὑπείξομαι ὅττι κεν εἴπῃς.
Ἄλλοισιν δὴ ταῦτ' ἐπιτέλλεο, μὴ γὰρ ἔμοιγε   295
σήμαιν'· οὐ γὰρ ἔγωγ' ἔτι σοὶ πείσεσθαι ὀΐω.

en face avec ce roi ; car jamais prince qui porte le sceptre et que
Jupiter a comblé d'honneurs, n'a joui d'une gloire semblable. Si tu
es vaillant, si une déesse t'a donné le jour, le pouvoir d'Agamemnon
est plus étendu, car il règne sur des peuples plus nombreux. Toi aussi,
fils d'Atrée, étouffe ta colère, je t'en conjure, et mets un terme à ton
ressentiment contre Achille, qui, dans cette guerre cruelle, est pour
tous les Grecs, un puissant rempart. »

Le puissant Agamemnon lui répondit : « Certes, tout ce que tu as
dit, vieillard, est conforme à la raison ; mais cet homme veut s'élever
au-dessus de tous les autres guerriers ; il veut les gouverner tous, régner sur tous, donner des lois à tous ; ce qu'il aura peine, je crois, à
persuader. Si les dieux immortels l'ont fait brave, lui ont-ils permis
pour cela de nous outrager dans ses discours ? »

Achille, l'interrompant, répondit : « Je passerais avec raison pour
un homme lâche et vil, si je me soumettais à tout ce qui sort de ta
bouche. Impose à d'autres cette loi, et ne me la prescris pas ; car je
suis résolu à ne plus t'obéir. J'ajoute quelques mots, et grave-les dans

βασιλῆϊ ἀντιβίην,   avec le roi en face,
ἐπεὶ οὔποτε βασιλεὺς σκηπτοῦχος,   puisque jamais roi qui-a-un-sceptre,
ᾧτε Ζεὺς ἔδωκε κῦδος,   auquel Jupiter a donné la gloire,
ἔμμορε τιμῆς ὁμοίης.   n'a obtenu un honneur semblable.
Εἰ δὲ σὺ ἐσσὶ καρτερὸς,   Mais si tu es courageux,
μήτηρ δὲ θεὰ γείνατό σε,   et si une mère déesse a engendré toi,
ἀλλὰ ὅγε ἐστὶ φέρτερος,   mais celui-ci est plus puissant,
ἐπεὶ ἀνάσσει πλεόνεσσι.   puisqu'il règne sur plus-d'hommes.
Σὺ δὲ, Ἀτρείδη, παῦε τεὸν μένος ·   Et toi, Atride, fais-cesser ta colère ;
αὐτὰρ ἔγωγε λίσσομαι   ensuite moi-même je supplie
μεθέμεν χόλον Ἀχιλῆϊ,   de déposer le courroux contre Achille,
ὃς πέλεται πᾶσιν Ἀχαιοῖσι   qui est pour tous les Achéens
μέγα ἔρκος   un grand rempart
πολέμοιο κακοῖο. »   d'une guerre funeste. »
  Κρείων δὲ Ἀγαμέμνων   Or le puissant Agamemnon,
ἀπαμειβόμενος προσέφη τόν ·   reprenant-la-parole, dit à lui :
« Ναὶ δὴ, γέρον,   « Oui, certes, vieillard,
ἔειπές γε ταῦτα πάντα   tu as dit du moins toutes ces choses
κατὰ μοῖραν.   suivant la convenance.
Ἀλλὰ ὅδε ἀνὴρ ἐθέλει ἔμμεναι   Mais ce guerrier veut être
περὶ πάντων ἄλλων,   au-dessus de tous les autres,
ἐθέλει μὲν κρατέειν πάντων,   et il veut dominer sur tous,
ἀνάσσειν δὲ πάντεσσι,   et régner sur tous,
σημαίνειν δὲ πᾶσι,   et donner-des-ordres à tous ;
ἅ τινα οὐκ ὀίω   *choses* que je ne pense pas *lui*
πείσεσθαι.   devoir persuader.
Εἰ δὲ θεοὶ ἐόντες αἰὲν   Mais si les dieux étant toujours
ἔθεσάν μιν αἰχμήτην,   ont fait lui-même guerrier,
ἕνεκα τοῦ προθέουσίν οἱ ·   à cause de cela permettent-ils à lui
μυθήσασθαι ὀνείδεα; »   d'avoir adressé des outrages? »
  Δῖος δὲ ἄρα Ἀχιλλεὺς   Alors donc le divin Achille
ἠμείβετο τὸν ὑποβλήδην ·   répondit à lui en-l'interrompant :
« Ἦ γάρ κεν καλεοίμην   «En effet certainement je serais appelé
δειλός τε καὶ οὐτιδανὸς,   et lâche et homme-de-rien,
εἰ δὴ ὑπείξομαι σοὶ   si certes je céderai à toi
πᾶν ἔργον, ὅττι κεν εἴπῃς.   toute chose que tu aurais dite.
Ἐπιτέλλεο δὴ ταῦτα ἄλλοισι,   Donc commande ces choses à d'autres,
μὴ γὰρ σήμαινε ἐμοίγε ·   car ne prescris pas à moi au moins ;
ἔγωγε γὰρ οὐκ ὀίω   car moi je ne pense pas
πείσεσθαι ἔτι σοί.   devoir obéir davantage à toi.

Ἄλλο δέ τοι ἐρέω, σὺ δ' ἐνὶ φρεσὶ βάλλεο σῇσι·
χερσὶ μὲν οὔτοι ἔγωγε μαχήσομαι εἵνεκα κούρης,
οὔτε σοὶ, οὔτε τῳ ἄλλῳ, ἐπεί μ' ἀφέλεσθέ γε δόντες·
τῶν δ' ἄλλων, ἅ μοί ἐστι θοῇ παρὰ νηὶ μελαίνῃ,　　　　　　300
τῶν οὐκ ἄν τι φέροις ἀνελὼν, ἀέκοντος ἐμεῖο.
Εἰ δ', ἄγε μὴν, πείρησαι, ἵνα γνώωσι καὶ οἵδε·
αἶψά τοι αἷμα κελαινὸν ἐρωήσει περὶ δουρί. »

　Ὣς τώγ' ἀντιβίοισι μαχησαμένω ἐπέεσσιν,
ἀνστήτην· λῦσαν δ' ἀγορὴν παρὰ νηυσὶν Ἀχαιῶν.　　　　　305
Πηλείδης μὲν ἐπὶ κλισίας καὶ νῆας ἐΐσας
ἤϊε σύν τε Μενοιτιάδῃ¹καὶ οἷς ἑτάροισιν·
Ἀτρείδης δ' ἄρα νῆα θοὴν ἅλαδε προέρυσσεν,
ἐς δ' ἐρέτας ἔκρινεν ἐείκοσιν, ἐς δ' ἑκατόμβην
βῆσε θεῷ· ἀνὰ δὲ Χρυσηΐδα καλλιπάρηον　　　　　　　310
εἷσεν ἄγων· ἐν δ' ἀρχὸς ἔβη πολύμητις Ὀδυσσεύς.

　Οἱ μὲν ἔπειτ' ἀναβάντες ἐπέπλεον ὑγρὰ κέλευθα.
Λαοὺς δ' Ἀτρείδης ἀπολυμαίνεσθαι ἄνωγεν.
Οἱ δ' ἀπελυμαίνοντο, καὶ εἰς ἅλα λύματ' ἔβαλλον·
ἔρδον δ' Ἀπόλλωνι τεληέσσας ἑκατόμβας　　　　　　　315

ton esprit. Je n'en viendrai aux mains pour la jeune captive ni contre
toi, ni contre un autre, puisque vous me l'enlevez après me l'avoir
donnée. Quant aux autres biens que je possède auprès de mon léger
vaisseau noir, il ne serait point en ton pouvoir d'en rien enlever malgré moi. Si pourtant tu veux le tenter, allons, afin que l'armée en voie
les suites ; car ton sang noir jaillira à l'instant autour de ma lance. »

Après s'être ainsi attaqués tous deux par des discours également
violents, ils se levèrent et rompirent le conseil des Grecs assemblés
auprès des vaisseaux. Le fils de Pélée se retira vers ses tentes et ses
vaisseaux d'égale grandeur avec le fils de Ménétius et ses autres
amis. Quant au fils d'Atrée, il fit traîner à la mer un rapide vaisseau,
choisit vingt rameurs, y plaça une hécatombe pour le dieu, et, conduisant Chryséis aux belles joues, il la plaça dans le navire, dont il
confia le commandement au prudent Ulysse.

Le vaisseau part et fend la plaine liquide. Cependant Atride ordonne
aux peuples de se purifier. Ils se purifient et jettent dans la mer les
souillures de leurs corps. On immole ensuite à Apollon, sur le rivage
du stérile Océan, de magnifiques hécatombes de taureaux et de chè-

'Ερέω δέ τοι ἄλλο,
σὺ δὲ βάλλεο ἐνὶ σῇσι φρεσίν·
ἔγωγε μὲν οὔτοι μαχήσομαι
χερσὶν εἴνεκα κούρης,
οὔτε σοὶ, οὔτε τῳ ἄλλῳ,
ἐπεί γε δόντες
ἀφέλεσθέ με·
τῶν δὲ ἄλλων, ἅ ἐστί μοι
παρὰ νηὶ θοῇ μελαίνῃ,
οὐκ ἂν φέροις τι τῶν
ἀνελὼν, ἐμεῖο ἀέκοντος.
Εἰ δὲ, ἄγε μὴν,
πείρησαι,
ἵνα οἵδε καὶ γνώωσιν·
αἶψα αἶμα κελαινόν τοι
ἐρωήσει περὶ δουρί. »

Τώ γε μαχησαμένω ὡς
ἐπέεσσιν ἀντιβίοισιν,
ἀνστήτην· λῦσαν δὲ ἀγορὴν
παρὰ νηυσὶν Ἀχαιῶν.
Πηλείδης μὲν ἤϊεν
ἐπὶ κλισίας καὶ νῆας ἐΐσας
σύν τε Μενοιτιάδῃ
καὶ οἷς ἑτάροισιν·
Ἀτρείδης δὲ ἄρα
προέρυσσεν ἅλαδε νῆα θοὴν,
ἐξέκρινε δὲ ἐείκοσιν ἐρέτας,
ἐξέβησε δὲ ἑκατόμβην
θεῷ· ἄγων δὲ
Χρυσηΐδα καλλιπάρηον
ἀνεῖσε· πολύμητις δὲ Ὀδυσσεὺς
ἐνέβη ἀρχός.

Οἱ μὲν ἔπειτα ἀναβάντες
ἐπέπλεον ὑγρὰ κέλευθα.
Ἀτρείδης δὲ ἄνωγε
λαοὺς ἀπολυμαίνεσθαι.
Οἱ δὲ ἀπελυμαίνοντο,
καὶ ἔβαλλον εἰς ἅλα λύματα·
ἕρδον δὲ Ἀπόλλωνι
ἑκατόμβας τεληέσσας

Mais je dirai à toi autre chose,
et toi place *cela* dans tes esprits :
à la vérité moi je ne combattrai pas
de *mes* mains à cause de la jeune-fille
ni avec toi ni avec quelqu'autre,
puisque, *l'*ayant donnée,
vous *l'*avez enlevée à moi.
Mais des autres choses qui sont à moi
près de *mon* vaisseau léger noir,
tu n'*en* emporterais aucune de celles-là
*l'*ayant ravie, moi ne-voulant-pas.
Mais si *tu veux*, allons cependant,
fais-en-l'essai,
afin que ceux-ci aussi sachent :
à l'instant le sang noir à toi
coulera autour de *ma* lance. »

Eux deux ayant combattu ainsi
en paroles contraires,
se levèrent ; et rompirent l'assemblée
près des vaisseaux des Achéens.
D'un côté le fils-de-Pélée s'en alla
vers les tentes et les vaisseaux égaux
et avec le fils-de-Ménétius
et avec ses compagnons.
D'un autre côté donc Atride
tira à la mer un vaisseau léger,
et il choisit-pour-lui vingt rameurs,
et il mit-dedans une hécatombe
pour le dieu ; puis *y* conduisant
Chryséïs aux-belles-joues,
il *la* plaça-dedans ; et le prudent Ulysse
monta-dedans *comme* chef.

Ceux-ci ensuite *y* étant montés
naviguaient les routes humides.
De son côté Atride ordonna
les peuples se purifier.
Et ceux-ci se purifiaient,
et jettaient à la mer les souillures ;
puis ils sacrifiaient à Apollon
des hécatombes parfaites

ταύρων ἠδ' αἰγῶν παρὰ θῖν' ἁλὸς ἀτρυγέτοιο·
κνίσση δ' οὐρανὸν ἷκεν, ἑλισσομένη περὶ καπνῷ.

Ὣς οἱ μὲν τὰ πένοντο κατὰ στρατόν. Οὐδ' Ἀγαμέμνων
λῆγ' ἔριδος, τὴν πρῶτον ἐπηπείλησ' Ἀχιλῆϊ·
ἀλλ' ὅγε Ταλθύβιόν τε καὶ Εὐρυβάτην προςέειπε,   320
τώ οἱ ἔσαν κήρυκε καὶ ὀτρηρὼ θεράποντε·

« Ἔρχεσθον κλισίην Πηληϊάδεω Ἀχιλῆος,
χειρὸς ἑλόντ' ἀγέμεν Βρισηΐδα καλλιπάρηον.
Εἰ δέ κε μὴ δώῃσιν, ἐγὼ δέ κεν αὐτὸς ἕλωμαι,
ἐλθὼν σὺν πλεόνεσσι· τό οἱ καὶ ῥίγιον ἔσται. »   325

Ὣς εἰπὼν, προΐει, κρατερὸν δ' ἐπὶ μῦθον ἔτελλεν.
Τὼ δ' ἀέκοντε βάτην παρὰ θῖν' ἁλὸς ἀτρυγέτοιο,
Μυρμιδόνων δ' ἐπί τε κλισίας καὶ νῆας ἱκέσθην.
Τὸν δ' εὗρον παρά τε κλισίῃ καὶ νηῒ μελαίνῃ
ἥμενον· οὐδ' ἄρα τώγε ἰδὼν γήθησεν Ἀχιλλεύς.   330
Τὼ μὲν ταρβήσαντε καὶ αἰδομένω βασιλῆα
στήτην, οὐδέ τί μιν προςεφώνεον, οὐδ' ἐρέοντο.
Αὐτὰρ ὁ ἔγνω ᾗσιν ἐνὶ φρεσὶ, φώνησέν τε·

« Χαίρετε, κήρυκες, Διὸς ἄγγελοι ἠδὲ καὶ ἀνδρῶν,

vres; et la graisse des victimes s'élève jusqu'au ciel, emportée dans des tourbillons de fumée.

Ainsi s'occupait l'armée; et Agamemnon n'oubliait pas la menace qu'il venait d'adresser à Achille; il appela lui-même Talthybius et Eurybate, ses hérauts et ses ministres diligents:

« Allez dans la tente du fils de Pélée, et prenant par la main la belle Briséïs, amenez-la dans ces lieux. S'il refuse de la livrer, moi-même à la tête de soldats plus nombreux, j'irai lui enlever sa captive; l'outrage lui sera plus sensible. »

A ces mots, il les fit partir, ajoutant la menace à l'ordre qu'il leur avait donné. Ceux-ci, à regret, suivirent le rivage de l'Océan stérile, et parvinrent aux tentes et aux vaisseaux des Myrmidons. Ils trouvèrent le héros assis devant sa tente auprès d'un de ses noirs vaisseaux. Leur aspect ne pouvait lui être agréable; eux-mêmes, troublés et pleins de respect pour ce roi, ils s'arrêtèrent sans lui parler, sans l'interroger; mais il pénétra ce qui se passait en eux, et leur dit:

« Salut, hérauts, messagers de Jupiter et des hommes, approchez;

ταύρων ἠδὲ αἰγῶν
παρὰ θῖνα ἁλὸς ἀτρυγέτοιο ·
κνίσση δὲ Ἵκεν οὐρανὸν,
ἐλισσομένη περὶ καπνῷ.
  Οἱ μὲν πένοντο ὣς τὰ
κατὰ στρατόν · Ἀγαμέμνων δὲ
οὐ λῆγεν ἔριδος, τὴν
ἐπηπείλησεν Ἀχιλῆϊ πρῶτον.
Ἀλλὰ ὅγε προσέειπε
Ταλθύβιόν τε καὶ Εὐρυβάτην,
τὼ ἔσαν οἱ κήρυκε
καὶ θεράποντε ὀτρηρώ ·
  « Ἔρχεσθον κλισίην
Ἀχιλῆος Πηληϊάδεω,
ἑλόντε χειρὸς ἀγέμεν
Βρισηΐδα καλλιπάρηον.
Εἰ δὲ μή κε δώησιν,
ἐγὼ δὲ αὐτός κεν ἕλωμαι,
ἐλθὼν σὺν πλεόνεσσι ·
τὸ ἔσται καὶ ῥίγιόν οἱ. »
  Εἰπὼν ὣς, προΐει,
ἐπέτελλε δὲ μῦθον κρατερόν.
Τὼ δὲ βάτην ἀέκοντε
παρὰ θῖνα ἁλὸς ἀτρυγέτοιο,
ἱκέσθην δὲ ἐπί τε κλισίας
καὶ νῆας Μυρμιδόνων.
Εὗρον δὲ τὸν ἥμενον
παρά τε κλισίῃ
καὶ νηὶ μελαίνῃ ·
ἰδὼν δὲ ἄρα τώγε
Ἀχιλλεὺς οὐ γήθησε.
Τὼ μὲν ταρβήσαντε
καὶ αἰδομένω βασιλῆα στήτην,
οὐδὲ προσεφώνεόν μίν τι,
οὐδὲ ἐρέοντο.
Αὐτὰρ ὁ ἔγνω ἐνὶ ᾗσι φρεσὶ,
φώνησέ τε ·
  « Χαίρετε, κήρυκες,.
ἄγγελοι Διὸς
ἠδὲ καὶ ἀνδρῶν,

de taureaux et de chèvres
auprès du rivage de la mer stérile ;
or l'odeur allait au ciel,
roulant autour de la fumée.
  Ceux-ci fesaient ainsi ces-choses
dans l'armée ; et Agamemnon
ne cessait pas la querelle, dans laquelle
il avait menacé Achille d'abord.
Mais il adressa-la-parole
et à Talthybius et à Eurybate,
qui étaient à lui hérauts
et ministres actifs :
  « Allez à la tente
d'Achille, fils-de-Pélée ;
ayant pris par la main, amenez
Briséïs aux-belles-joues ;
mais s'il ne l'aura pas donnée,
alors moi-même je l'enlèverai,
étant venu avec plus d'hommes ;
ce-qui sera même plus dur à lui. »
  Ayant parlé ainsi, il les envoya,
et ajouta un langage violent.
Or eux-deux allèrent malgré-eux
le long du rivage de la mer stérile,
puis ils arrivèrent et aux tentes
et aux vaisseaux des Myrmidons.
Or ils trouvèrent lui assis
et auprès de sa tente
et de son vaisseau noir ;
et certes en voyant eux-deux,
Achille ne se réjouit pas.
A la vérité eux ayant été troublés,
et respectant le roi, se tinrent debout,
et ils ne s'adressaient à lui en rien,
et ils ne l'interrogeaient pas.
Mais lui comprit dans ses esprits
et prit la parole :
  « Salut, hérauts,
messagers de Jupiter
et aussi des hommes,

ἆσσον ἴτ'· οὔτι μοι ὕμμες ἐπαίτιοι, ἀλλ' Ἀγαμέμνων,   335
ὃ σφῶϊ προΐει·Βρισηΐδος εἵνεκα κούρης.
Ἀλλ' ἄγε, Διογενὲς Πατρόκλεις, ἔξαγε κούρην,
καί σφῶϊν δὸς ἄγειν· τὼ δ' αὐτὼ μάρτυροι ἔστων
πρός τε θεῶν μακάρων, πρός τε θνητῶν ἀνθρώπων,
καὶ πρὸς τοῦ βασιλῆος ἀπηνέος. Εἴποτε δ' αὖτε   340
χρειὼ ἐμεῖο γένηται ἀεικέα λοιγὸν ἀμῦναι
τοῖς ἄλλοις... ἦ γὰρ ὅγ' ὀλοιῇσι φρεσὶ θύει,
οὐδέ τι οἶδε νοῆσαι ἅμα πρόσσω καὶ ὀπίσσω,
ὅπως οἱ παρὰ νηυσὶ σόοι μαχέοιντο Ἀχαιοί. »

Ὣς φάτο· Πάτροκλος δὲ φίλῳ ἐπεπείθετ' ἑταίρῳ·   345
ἐκ δ' ἄγαγε κλισίης Βρισηΐδα καλλιπάρηον,
δῶκε δ' ἄγειν· τὼ δ' αὖτις ἴτην παρὰ νῆας Ἀχαιῶν·
ἣ δ' ἀέκουσ' ἅμα τοῖσι γυνὴ κίεν. Αὐτὰρ Ἀχιλλεὺς
δακρύσας ἑτάρων ἄφαρ ἕζετο νόσφι λιασθείς,
θίν' ἐφ' ἁλὸς πολιῆς, ὁρόων ἐπὶ οἴνοπα πόντον.   350
Πολλὰ δὲ μητρὶ φίλῃ ἠρήσατο, χεῖρας ὀρεγνύς·

« Μῆτερ, ἐπεί μ' ἔτεκές γε μινυνθάδιόν περ ἐόντα,

ce n est pas vous qui m'offensez : c'est Agamemnon, qui vous envoie
pour me ravir la jeune Briséïs. Va, noble Patrocle! fais sortir cette
captive; remets-la entre leurs mains, et qu'ils l'emmènent; mais qu'ils
soient mes témoins devant les dieux, devant les hommes, et devant
ce roi sans pitié, si dans la suite mon bras devient nécessaire pour re-
pousser loin de l'armée une affreuse ruine! Certes il se laisse entraî-
ner par un délire funeste; et incapable d'embrasser à la fois l'avenir
et le passé, il ne saurait assurer le salut des Grecs, quand ils combat-
tront auprès de leurs vaisseaux. »

Il dit : Patrocle, obéissant aux ordres de son ami, fit sortir la belle
Briséïs de la tente, et la remit aux hérauts. Ceux-ci retournèrent vers
les vaisseaux des Achéens. La captive les suivait à regret. Cependant
Achille, versant des larmes, s'assit à l'écart, loin de ses compagnons,
sur le rivage de la mer blanchissante ; et attachant ses regards sur le
noir Océan, les mains étendues, il invoqua avec ferveur sa mère
chérie :

« O ma mère! puisque tu ne m'as donné qu'une existence de courte

ἴτε ἆσσον· ὔμμες οὐκ ἐπαίτιοι   venez plus près; vous n'*êtes* coupables
τί μοι, ἀλλὰ Ἀγαμέμνων,   en rien envers moi, mais Agamemnon,
ὃ προίει σφῶϊ   qui a envoyé vous-deux
ἕνεκα κούρης Βρισηΐδος.   à cause de la jeune-fille Briséis.
Ἀλλὰ ἄγε, Πατρόκλεις Διογενές,   Mais allons, Patrocle, issu-de-Jupiter,
ἔξαγε κούρην,   fais-sortir la jeune-fille,
καὶ δὸς ἄγειν σφῶϊν,   et donne-*la* à emmener à eux-deux,
τὼ δὲ αὐτὼ ἔστων μάρτυροι   et qu'eux deux soient témoins
πρός τε θεῶν μακάρων,   et devant les dieux bienheureux,
πρός τε ἀνθρώπων θνητῶν,   et devant les hommes mortels,
καὶ πρὸς τοῦ βασιλῆος ἀπηνέος.   et devant le roi inhumain.
Εἰ δὲ αὖτέ ποτε   Or si encore un jour
χρειὼ ἐμεῖο γένηται   le besoin de moi est
ἀμῦναι τοῖς ἄλλοις   pour détourner des autres
λοιγὸν ἀεικέα....   un fléau indigne...
ἦ γὰρ ὅγε θύει   car certes celui-ci est-en-fureur
φρεσὶν ὀλοιῇσιν,   par des pensées pernicieuses,
οὐδὲ οἶδε νοῆσαί τι   et il ne sait pas penser quelque chose
ἅμα πρόσσω καὶ ὀπίσσω,   ensemble en avant et en arrière,
ὅππως Ἀχαιοὶ μαχέοιντό   afin que les Achéens combattent
οἱ σόοι   pour lui sains-et-saufs
παρὰ νηυσί. »   près des vaisseaux. »
Φάτο ὣς· Πάτροκλος δὲ   Il parla ainsi, et Patrocle
ἐπεπείθετο ἑταίρῳ φίλῳ.   obéit à *son* compagnon chéri.
Ἄγαγε δὲ ἐκ κλισίης   Et il amena de la tente
Βρισηΐδα καλλιπάρηον,   Briséis aux-belles-joues,
δῶκε δὲ ἄγειν.   et *la* donna à emmener.
Τὼ δὲ ἴτην αὖτις   Or ceux-ci allaient en arrière
παρὰ νῆας Ἀχαιῶν·   vers les vaisseaux des Achéens
ἡ δὲ γυνὴ κίεν ἅμα τοῖσιν   et la femme allait avec eux
ἀέκουσα. Αὐτὰρ Ἀχιλλεὺς   malgré-elle. Cependant Achille
δακρύσας, ἕζετο   ayant pleuré, s'assit
ἄφαρ ἑτάρων   loin de *ses* compagnons
λιασθεὶς νόσφι,   s'étant retiré à l'écart,
ἐπὶ θινὶ ἁλὸς πολιῆς,   sur le rivage de la mer blanchissante,
ὁρόων ἐπὶ πόντον οἴνοπα.   regardant sur l'Océan noir.
Ὀρεγνὺς δὲ χεῖρας,   Or, tendant les mains,
ἠρήσατο πολλὰ μητρὶ φίλῃ·   il pria beaucoup *sa* mère chérie:
« Μῆτερ, ἐπεὶ ἔτεκές με   « Mère, puisque tu as enfanté moi
ἐόντα γέ περ μινυνθάδιον,   étant certes d'une-vie-courte,

τιμήν πέρ μοι ὄφελλεν Ὀλύμπιος ἐγγυαλίξαι
Ζεὺς ὑψιβρεμέτης. Νῦν δ' οὐδέ με τυτθὸν ἔτισεν·
ἦ γάρ μ' Ἀτρείδης εὐρυκρείων Ἀγαμέμνων   355
ἠτίμησεν· ἑλὼν γὰρ ἔχει γέρας, αὐτὸς ἀπούρας. »
    Ὣς φάτο δακρυχέων· τοῦ δ' ἔκλυε πότνια μήτηρ,
ἡμένη ἐν βένθεσσιν ἁλὸς παρὰ πατρὶ γέροντι.
Καρπαλίμως δ' ἀνέδυ πολιῆς ἁλός, ἠΰτ' ὀμίχλη·
καί ῥα πάροιθ' αὐτοῖο καθέζετο δακρυχέοντος,   360
χειρί τέ μιν κατέρεξεν, ἔπος τ' ἔφατ', ἔκ τ' ὀνόμαζε·
    « Τέκνον, τί κλαίεις; τί δέ σε φρένας ἵκετο πένθος;
ἐξαύδα, μὴ κεῦθε νόῳ, ἵνα εἴδομεν ἄμφω. »
    Τὴν δὲ βαρυστενάχων προσέφη πόδας ὠκὺς Ἀχιλλεύς·
« Οἶσθα· τίη τοι ταῦτ' εἰδυίῃ πάντ' ἀγορεύω;   365
ᾠχόμεθ' ἐς Θήβην¹, ἱερὴν πόλιν Ἠετίωνος,
τὴν δὲ διεπράθομέν τε, καὶ ἤγομεν ἐνθάδε πάντα.
Καὶ τὰ μὲν εὖ δάσσαντο μετὰ σφίσιν υἷες Ἀχαιῶν,
ἐκ δ' ἕλον Ἀτρείδῃ Χρυσηΐδα καλλιπάρῃον.

durée, Jupiter, qui sur l'Olympe fait gronder la foudre, me devait du
moins quelque gloire! Et il me laisse aujourd'hui sans honneur! Le
fils d'Atrée, le puissant Agamemnon, m'a outragé; il m'a enlevé de
force ma récompense, et il se l'approprie. »

Il parla ainsi en répandant des pleurs. Sa mère venérable, assise
au fond des mers auprès de son vieux père, l'entendit, s'éleva aussitôt,
en forme de vapeur, au dessus de la mer blanchissante, et s'assit devant le héros affligé, puis le caressa d'une main maternelle, lui adressa
la parole, et lui dit :

« O mon fils! pourquoi ces larmes? pourquoi cette tristesse qui s'est
emparée de ton âme? Parle; ne me cache rien, afin que j'en connaisse
comme toi la cause. »

Avec un profond soupir, Achille aux pieds légers répondit : « Tu le
sais; à toi qui connais tout, pourquoi raconter ces détails? Nous nous
rendîmes à Thèbes, ville sacrée d'Éétion; et après l'avoir pillée, nous
transportâmes ici tout le butin. Les fils des Grecs le partagèrent fidèlement entre eux, et choisirent pour Atride la belle Chryséïs. Bientôt

Ζεύς περ ὑψιβρεμέτης
Ὀλύμπιος ὄφελλεν
ἐγγυαλίξαι μοι τιμήν.
Νῦν δὲ οὐδὲ ἔτισέ
με τυτθόν ·
ἦ γὰρ Ἀτρείδης,
εὐρυκρείων Ἀγαμέμνων,
ἠτίμησέ με · ἑλὼν γὰρ
ἔχει γέρας,
ἀπούρας αὐτός. »
  Φάτο ὣς δακρυχέων ·
μήτηρ δὲ πότνια
ἔκλυε τοῦ, ἡμένη
ἐν βένθεσσιν ἁλὸς
παρὰ πατρὶ γέροντι.
Καρπαλίμως δὲ ἀνέδυ
ἁλὸς πολιῆς,
ἠΰτε ὀμίχλη ·
καί ῥα καθέζετο
πάροιθεν αὐτοῖο
δακρυχέοντος,
κατέρεξέ τέ μιν χειρὶ,
ἔφατό τε ἔπος, ἐξονόμαζέ τε ·
« Τέκνον, τί κλαίεις;
τί δὲ πένθος ἵκετό σε
φρένας; ἐξαύδα,
μὴ κεῦθε νόῳ,
ἵνα εἴδομεν ἄμφω. »
  Ἀχιλλεὺς δὲ ὠκὺς πόδας
βαρυστενάχων προσέφη τήν ·
« Οἶσθα, τίη ἀγορεύω ταῦτα
τοὶ εἰδυίῃ πάντα;
ᾠχόμεθα ἐς Θήβην,
πόλιν ἱερὴν Ἠετίωνος,
διεπράθομεν δέ τε τὴν,
καὶ ἤγομεν πάντα ἐνθάδε.
Καὶ μὲν υἷες Ἀχαιῶν
δάσσαντο εὖ μετὰ σφίσι τὰ,
ἔξελον δὲ Ἀτρείδῃ
Χρυσηΐδα καλλιπάρῃον.

au moins Jupiter, qui-tonne-en-haut,
étant-dans-l'Olympe, devait
accorder à moi l'honneur.
Mais maintenant il n'a pas honoré
moi un peu ;
car certes le fils-d'Atrée,
le puissant Agamemnon,
a outragé moi ; car ayant pris
il possède *ma* récompense,
*l'*ayant enlevée lui-même. »
  Il parla ainsi en pleurant ;
et sa mère vénérable
entendit lui, étant assise
dans les profondeurs de la mer
auprès de *son* père vieux.
Or aussitôt elle s'éleva
de la mer blanche,
comme une vapeur ;
et donc elle s'assit
en face de lui-même
versant des larmes,
et elle caressa lui de la main,
et prononça-une-parole et dit :
« *Mon* fils, pourquoi pleures-tu ?
et quelle douleur est venue à toi
dans le cœur ? parle,
ne cache pas dans l'esprit,
afin que nous sachions tous-deux. »
  Alors Achille léger *quant* aux pieds,
soupirant-profondément, dit à elle :
« Tu *le* sais ; pourquoi dis-je cela
à toi sachant tout ?
nous sommes allés à Thèbe,
ville sacrée d'Éétion ;
or et nous avons ravagé elle,
et nous avons amené tout ici.
Et à la vérité les fils des Achéens
ont partagé bien entre eux ces choses,
et ils ont choisi pour Atride
Chryséis aux-belles-joues.

Χρύσης δ' αὖθ', ἱερεὺς ἑκατηβόλου Ἀπόλλωνος,   370
ἦλθε θοὰς ἐπὶ νῆας Ἀχαιῶν χαλκοχιτώνων,
λυσόμενός τε θύγατρα, φέρων τ' ἀπερείσι' ἄποινα,
στέμμα τ' ἔχων ἐν χερσὶν ἑκηβόλου Ἀπόλλωνος
χρυσέῳ ἀνὰ σκήπτρῳ, καὶ ἐλίσσετο πάντας Ἀχαιοὺς,
Ἀτρείδα δὲ μάλιστα δύω, κοσμήτορε λαῶν.   375

    Ἔνθ' ἄλλοι μὲν πάντες ἐπευφήμησαν Ἀχαιοὶ
αἰδεῖσθαί θ' ἱερῆα, καὶ ἀγλαὰ δέχθαι ἄποινα·
ἀλλ' οὐκ Ἀτρείδῃ Ἀγαμέμνονι ἥνδανε θυμῷ,
ἀλλὰ κακῶς ἀφίει, κρατερὸν δ' ἐπὶ μῦθον ἔτελλε.
Σωόμενος δ' ὁ γέρων πάλιν ᾤχετο. Τοῖο δ' Ἀπόλλων   380
εὐξαμένου ἤκουσεν, ἐπεὶ μάλα οἱ φίλος ἦεν.
Ἦκε δ' ἐπ' Ἀργείοισι κακὸν βέλος· οἱ δέ νυ λαοὶ
θνῆσκον ἐπασσύτεροι· τὰ δ' ἐπώχετο κῆλα θεοῖο
πάντη ἀνὰ στρατὸν εὐρὺν Ἀχαιῶν. Ἄμμι δὲ μάντις
εὖ εἰδὼς ἀγόρευε θεοπροπίας Ἑκάτοιο.   385
Αὐτίκ' ἐγὼ πρῶτος κελόμην θεὸν ἱλάσκεσθαι·
Ἀτρείωνα δ' ἔπειτα χόλος λάβεν· αἶψα δ' ἀναστὰς,

Chrysès, prêtre du dieu qui lance au loin les traits, se rendit auprès des rapides vaisseaux des Grecs à la cuirasse d'airain, pour racheter sa fille. Il apportait une immense rançon, et tenant à la main avec le sceptre d'or les bandelettes d'Apollon qui lance au loin les traits; il suppliait les Grecs, et surtout les deux Atrides, chefs des peuples.

L'armée entière, avec un murmure approbateur, demanda que le prêtre fût respecté, et qu'on reçût la brillante rançon. Mais Agamemnon, dans son cœur, ne put y consentir, et, la menace à la bouche, chassa Chrysès avec ignominie. Le vieillard irrité s'éloigna; mais Apollon qui le chérissait, écouta sa prière, et lança contre les Grecs ses traits homicides. Les peuples mouraient en foule, et les flèches du dieu parcouraient les rangs épais de l'armée. Alors un habile devin nous annonça les oracles de celui qui lance au loin les traits; et moi, le premier, j'engageai les Grecs à fléchir ce Dieu. Aussitôt la fureur

Αὖτε δὲ Χρύσης,
Or ensuite Chrysès,

ἱερεὺς Ἀπόλλωνος ἑκατηβόλου,
prêtre d'Apollon, qui-frappe-au-loin,

ἦλθεν ἐπὶ νῆας θοὰς
vint vers les vaisseaux légers

Ἀχαιῶν χαλκοχιτώνων,
des Achéens à-la-cuirasse-d'airain,

λυσόμενός τε θύγατρα,
et devant délivrer sa fille,

φέρων τε ἄποινα ἀπερείσια,
et apportant des rançons immenses,

ἔχων τε ἐν χερσὶ
et ayant dans les mains

στέμμα Ἀπόλλωνος
la bandelette d'Apollon

ἑκηβόλου
qui-frappe-au-loin,

ἀνὰ σκήπτρῳ χρυσέῳ,
au-haut du sceptre d'or,

καὶ ἐλίσσετο πάντας Ἀχαιούς,
et il suppliait tous les Achéens,

μάλιστα δὲ δύω Ἀτρείδα,
et surtout les deux Atrides,

κοσμήτορε λαῶν.
chefs des peuples.

Ἔνθα μὲν πάντες ἄλλοι Ἀχαιοὶ
Alors tous les autres Achéens

ἐπευφήμησαν
approuvèrent-par-acclamations

αἰδεῖσθαί τε ἱερῆα,
et de respecter le prêtre,

καὶ δέχθαι ἄποινα ἀγλαά ·
et de recevoir les rançons brillantes;

ἀλλὰ οὐχ ἥνδανε θυμῷ
mais il ne plut pas au cœur

Ἀγαμέμνονι Ἀτρείδῃ ·
à Agamemnon, fils-d'Atrée;

ἀλλὰ ἀφίει κακῶς,
mais il le renvoya méchamment,

ἐπέτελλε δὲ μῦθον κρατερόν.
et il ajouta un discours violent.

Ὁ δὲ γέρων χωόμενος
Or le vieillard irrité

ᾤχετο πάλιν · Ἀπόλλων δὲ
s'en alla en arrière; et Apollon

ἤκουσε τοῖο εὐξαμένου,
entendit lui ayant prié,

ἐπεὶ ἦε φίλος μάλα οἱ.
parce qu'il était cher beaucoup à lui.

Ἧκε δὲ βέλος κακὸν
Ensuite il lança un trait mauvais

ἐπὶ Ἀργείοισιν·
sur les Argiens;

οἱ δὲ λαοὶ νυ θνῆσκον
et les peuples alors mouraient

ἐπασσύτεροι ·
entassés-les-uns-sur-les-autres;

τὰ δὲ κῆλα θεοῦ
puis les flèches du dieu

ἐπῴχετο πάντη
allaient de tous côtés

ἀνὰ στρατὸν εὐρὺν Ἀχαιῶν.
sur l'armée large des Achéens.

Μάντις δὲ εἰδὼς εὖ
Mais un devin sachant bien

ἀγόρευεν ἄμμι θεοπροπίας
déclara à nous les oracles

Ἑκάτοιο.
de celui-qui-frappe-au loin.

Αὐτίκα ἐγὼ πρῶτος
Aussitôt moi le premier

κελόμην ἱλάσκεσθαι θεόν.
j'exhortais à fléchir le dieu.

Ἔπειτα δὲ χόλος
Mais ensuite la fureur

λάβεν Ἀτρείωνα ·
saisit le fils-d'Atrée;

ἀναστὰς δὲ αἶψα
or, s'étant levé tout-à-coup,

ἠπείλησεν μῦθον, ὃ δὴ τετελεσμένος ἐστί.
Τὴν μὲν γὰρ σὺν νηὶ θοῇ ἑλίκωπες Ἀχαιοὶ
ἐς Χρύσην πέμπουσιν, ἄγουσι δὲ δῶρα ἄνακτι·   390
τὴν δὲ νέον κλισίηθεν ἔβαν κήρυκες ἄγοντες
κούρην Βρισῆος, τήν μοι δόσαν υἷες Ἀχαιῶν.
Ἀλλὰ σὺ, εἰ δύνασαί γε, περίσχεο παιδὸς ἑῆος·
ἐλθοῦσ' Οὐλυμπόνδε, Δία λίσαι, εἴποτε δή τι
ἢ ἔπει ὤνησας κραδίην Διὸς, ἠὲ καὶ ἔργῳ.   395
Πολλάκι γάρ σεο πατρὸς ἐνὶ μεγάροισιν ἄκουσα
εὐχομένης, ὅτ' ἔφησθα κελαινεφέϊ Κρονίωνι
οἴη ἐν ἀθανάτοισιν ἀεικέα λοιγὸν ἀμῦναι,
ὁππότε μιν ξυνδῆσαι Ὀλύμπιοι ἤθελον ἄλλοι,
Ἥρη τ' ἠδὲ Ποσειδάων καὶ Παλλὰς Ἀθήνη.   400
Ἀλλὰ σὺ τόνγ' ἐλθοῦσα, θεὰ, ὑπελύσαο δεσμῶν,
ὦχ' ἑκατόγχειρον καλέσασ' ἐς μακρὸν Ὄλυμπον,
ὃν Βριάρεων καλέουσι θεοί, ἄνδρες δέ τε πάντες
Αἰγαίων' (ὁ γὰρ αὖτε βίῃ οὗ πατρὸς ἀμείνων),
ὅς ῥα παρὰ Κρονίωνι καθέζετο, κύδεϊ γαίων·   405

s'empara d'Atride. Il se leva, et prononça une menace qui déjà s'est
accomplie. Tandis que les Grecs aux vifs regards renvoient à Chryse
la captive, et portent des offrandes pour le dieu, des hérauts viennent
d'enlever de ma tente Briséis, que m'avaient donnée les enfants de la
Grèce. Ah ! si tu le peux, enveloppe ton fils de ta protection ! Monte
vers l'Olympe, et implore Jupiter, puisque tu as servi sa puissance par
ta voix et par tes actions. Car souvent, dans le palais de mon père,
je t'ai entendue t'applaudir d'avoir, seule parmi les immortels, sous-
trait à une ruine ignominieuse le fils de Saturne, dieu des sombres
nuages, quand les autres habitants de l'Olympe, Junon même, et Nep-
tune, et Pallas, essayèrent de l'enchaîner. Mais toi, déesse, tu vins,
et tu le délivras de ses liens, en te hâtant d'appeler sur le sommet de
l'Olympe ce monstre aux cent mains, nommé par les dieux Briarée,
et par tous les mortels, Égéon, qui l'emporte en force sur son père même.
Égéon s'assit, fier de sa gloire, auprès du fils de Saturne, que n'osèrent

ἠπείλησε μῦθον,	il dit-avec-menace une parole,
ὁ δὴ ἐστὶ τετελεσμένος.	qui certes est ayant été accomplie.
Ἀχαιοὶ μὲν γὰρ ἑλίκωπες	Et en effet les Achéens aux-yeux-vifs
πέμπουσι τὴν ἐς Χρύσην	envoyent celle-ci à Chryse
σὺν νηὶ θοῇ,	avec un vaisseau léger,
ἄγουσι δὲ δῶρα ἄνακτι·	et conduisent des présents au roi;
νέον δὲ κήρυκες	et dernièrement des hérauts
ἔϐαν κλισίηθεν	sont allés de *ma* tente
ἄγοντες τὴν κούρην Βρισῆος,	emmenant la jeune-fille de Br···.
τὴν υἷες Ἀχαιῶν	que les fils des Achéens
δόσαν μοι.	ont donnée à moi.
Ἀλλὰ σὺ, εἰ δύνασαί γε,	Mais toi, si tu peux du moins,
περίσχεο παιδὸς ἑῆος·	secours un fils très-bon ;
ἐλθοῦσα Οὔλυμπόνδε,	étant allée dans l'Olympe,
λίσαι Δία,	supplie Jupiter,
εἴποτε δὴ ὤνησας	si jamais certes tu as réjoui
κραδίην Διός τι	le cœur de Jupiter en quelque-chose
ἢ ἔπει, ἠὲ καὶ ἔργῳ.	ou en parole, ou aussi en action.
Πολλάκι γὰρ ἄκουσα σέο	Car souvent j'ai entendu toi
ἐνὶ μεγάροισι πατρὸς	dans les palais de *mon* père
εὐχομένης, ὅτε ἔφησθα	te vantant, lorsque tu disais
οἴη ἐν ἀθανάτοισιν	*toi* seule parmi les immortels
ἀμῦναι λοιγὸν ἀεικέα	avoir détourné un malheur indigne
Κρονίωνι	du fils-de-Saturne
κελαινεφέϊ,	qui-assemble-les-nuages,
ὁππότε ἄλλοι Ὀλύμπιοι,	quand les autres dieux-de-l'Olympe,
Ἥρη τὲ ἠδὲ Ποσειδάων	et Junon, et Neptune,
καὶ Παλλὰς Ἀθήνη,	et Pallas Minervé,
ἤθελον ξυνδῆσαί μιν.	voulaient avoir enchaîné lui.
Ἀλλὰ σὺ, θεὰ, ἐλθοῦσα	Mais toi, déesse, étant venue,
ὑπελύσαο τόνγε δεσμῶν,	tu as délié lui des liens,
καλέσασα ὦκα	ayant appelé aussitôt
ἐς Ὄλυμπον μακρὸν	dans l'Olympe vaste
ἑκατόγχειρον,	celui-aux-cent-bras,
ὃν θεοὶ καλέουσι Βριάρεων,	que les dieux appellent Briarée,
πάντες δέ τε ἄνδρες Αἰγαίωνα	et tous les hommes Égéon
(ὁ γὰρ αὖτε ἀμείνων	[car celui-ci à son tour est meilleur
οὗ πατρὸς βίῃ),	que son père par la force],
ὅς ῥα γαίων κύδεϊ	lequel donc, fier de *sa* gloire,
καθέζετο παρὰ Κρονίωνι.	s'assit près du fils-de-Saturne.

τὸν καὶ ὑπέδδεισαν μάκαρες θεοὶ, οὐδέ τ᾽ ἔδησαν.

Τῶν νῦν μιν μνήσασα παρέζεο, καὶ λαβὲ γούνων,

αἴ κέν πως ἐθέλησιν ἐπὶ Τρώεσσιν ἀρῆξαι,

τοὺς δὲ κατὰ πρύμνας τε καὶ ἀμφ᾽ ἅλα ἔλσαι Ἀχαιοὺς

κτεινομένους, ἵνα πάντες ἐπαύρωνται βασιλῆος,   410

γνῷ δὲ καὶ Ἀτρείδης εὐρυκρείων Ἀγαμέμνων

ἣν ἄτην, ὅτ᾽ ἄριστον Ἀχαιῶν οὐδὲν ἔτισε. »

    Τὸν δ᾽ ἠμείβετ᾽ ἔπειτα Θέτις κατὰ δάκρυ χέουσα·

« Ὤ μοι, τέκνον ἐμὸν, τί νύ σ᾽ ἔτρεφον, αἰνὰ τεκοῦσα;

Αἴθ᾽ ὄφελες παρὰ νηυσὶν ἀδάκρυτος καὶ ἀπήμων   415

ἧσθαι! ἐπεί νύ τοι αἶσα μίνυνθά περ, οὔτι μάλα δήν·

νῦν δ᾽ ἅμα τ᾽ ὠκύμορος καὶ ὀϊζυρὸς περὶ πάντων

ἔπλεο· τῷ σε κακῇ αἴσῃ τέκον ἐν μεγάροισι.

Τοῦτο δέ τοι ἐρέουσα ἔπος Διὶ τερπικεραύνῳ,

εἶμ᾽ αὐτὴ πρὸς Ὄλυμπον ἀγάννιφον, αἴ κε πίθηται.   420

enchaîner les dieux glacés de terreur. Va, aujourd'hui, lui rappeler tes services ; assieds-toi devant lui, saisis ses genoux ! Qu'il consente à secourir les Troyens ; que les Grecs, repoussés jusqu'à leurs vaisseaux, soient exterminés sur les bords de la mer, afin que tous recueillent les fruits de l'injustice de leur roi ; et que le fils d'Atrée, Agamemnon, qui règne sur tant de peuples, reconnaisse quelle faute il a commise quand il a outragé le plus vaillant des Grecs ! »

    Thétis, baignée de larmes, lui répondit : « Hélas ! mon fils ! pourquoi t'ai-je élevé, après t'avoir enfanté dans le malheur ! Plût aux dieux que, tranquille auprès de tes vaisseaux, tu ne connusses ni les pleurs ni les outrages, puisque tes jours seront si peu nombreux, ta carrière si courte ! Quoi ! ta vie s'écoulera avec rapidité ; et de tous les hommes tu es le plus malheureux ! C'est donc sous de funestes auspices que je t'ai donné le jour dans mon palais ! Je m'élancerai vers l'Olympe couvert de neige, pour raconter tes malheurs au dieu que ré-

Καὶ θεοὶ μάκαρες | Et les dieux bienheureux
ὑπέδδεισαν τὸν, | craignirent lui,
οὐδέ τε ἔδησαν. | et n'enchaînèrent pas *Jupiter*.
Νῦν μνήσασά μιν τῶν, | Maintenant ayant rappelé à lui cela
παρέζεο, | assieds-toi-auprès,
καὶ λαβὲ γούνων, | et prends-*le* par les genoux,
αἴ κεν ἐθέλῃσί πως | s'il voudrait en-quelque-manière
ἐπαρῆξαι Τρώεσσιν, | avoir secouru les Troyens,
ἔλσαι δὲ | et avoir poussé
τοὺς Ἀχαιοὺς κτεινομένους | les Achéens massacrés
κατά τε πρύμνας | et auprès des poupes
καὶ ἀμφὶ ἅλα, ἵνα πάντες | et auprès de la mer, afin que tous
ἐπαύρωνται βασιλῆος, | jouissent de *leur* roi,
καὶ δὲ Ἀτρείδης | et aussi que le fils-d'Atrée,
εὐρυκρείων Ἀγαμέμνων | le très-puissant Agamemnon,
γνῷ ἣν ἄτην, | connaisse sa faute,
ὅτι ἔτισεν οὐδὲν | parce qu'il n'a honoré en rien
ἄριστον Ἀχαιῶν. » | le plus vaillant des Grecs. »

Ἔπειτα δὲ Θέτις ἠμείβετο τὸν, | Et ensuite Thétis répondit à lui
καταχέουσα δάκρυ· | en versant des larmes :
« Ὤ μοι, τέκνον ἐμὸν, | « Hélas! mon fils,
τί ἔτρεφόν νύ σε, | pourquoi nourrissais-je alors toi,
τεκοῦσα αἰνά ; | *t*'ayant enfanté fatalement ?
αἴθε ὄφελες | tu aurais bien dû
ἧσθαι παρὰ νηυσὶν | rester auprès des vaisseaux
ἀδάκρυτος | sans-verser-de-larmes
καὶ ἀπήμων, | et exempt-de-maux ;
ἐπεί νυ αἶσά τοι | puisque certes la destinée à toi
μίνυνθά περ, | *est* de-courte-durée,
οὔτι μάλα δήν· | et non beaucoup long-temps!
νῦν δὲ ἔπλεο ἅμα | Mais maintenant tu es tout-à-la-fois
ὠκύμορός τε | et d'une-vie-de-peu-de-durée,
καὶ ὀϊζυρὸς περὶ πάντων. | et malheureux par dessus tous.
Τῷ τέκον σε ἐν μεγάροισιν | Par cela j'ai enfanté toi dans*mes* palais
αἴσῃ κακῇ. | par une destinée mauvaise.
Ἐρέουσα δέ τοι τοῦτο ἔπος | Or devant dire pour toi cette parole
Διὶ τερπικεραύνῳ, | à Jupiter qui aime-à-lancer-la-foudre,
εἶμι αὐτὴ | j'irai moi-même
πρὸς Ὄλυμπον ἀγάννιφον, | vers l'Olympe couvert-de-neige,
αἴ κε πίθηται. | s'il veut-être-persuadé.

Ἀλλὰ σὺ μὲν νῦν νηυσὶ παρήμενος ὠκυπόροισι,
μήνι᾽ Ἀχαιοῖσιν, πολέμου δ᾽ ἀποπαύεο¹πάμπαν.
Ζεὺς γὰρ ἐς Ὠκεανὸν μετ᾽ ἀμύμονας Αἰθιοπῆας
χθιζὸς ἔβη κατὰ δαῖτα, θεοὶ δ᾽ ἅμα πάντες ἕποντο·
δωδεκάτη δέ τοι αὖτις ἐλεύσεται Οὐλυμπόνδε,   425
καὶ τότ᾽ ἔπειτά τοι εἶμι Διὸς ποτὶ χαλκοβατὲς δῶ,
καί μιν γουνάσομαι, καί μιν πείσεσθαι ὀΐω. »
    Ὡς ἄρα φωνήσασ᾽ ἀπεβήσατο· τὸν δ᾽ ἔλιπ᾽ αὐτοῦ
χωόμενον κατὰ θυμὸν ἐϋζώνοιο γυναικὸς,
τήν ῥα βίῃ ἀέκοντος ἀπηύρων. Αὐτὰρ Ὀδυσσεὺς   430
ἐς Χρύσην ἵκανεν, ἄγων ἱερὴν ἑκατόμβην.
Οἱ δ᾽ ὅτε δὴ λιμένος πολυβενθέος ἐντὸς ἵκοντο,
ἱστία μὲν στεῖλαντο, θέσαν δ᾽ ἐν νηῒ μελαίνῃ·
ἱστὸν δ᾽ ἱστοδόκῃ πέλασαν, προτόνοισιν ὑφέντες
καρπαλίμως· τὴν δ᾽ εἰς ὅρμον προέρυσσαν ἐρετμοῖς·   435
ἐκ δ᾽ εὐνὰς²ἔβαλον, κατὰ δὲ πρυμνήσι᾽ ἔδησαν·
ἐκ δὲ καὶ αὐτοὶ βαῖνον ἐπὶ ῥηγμῖνι θαλάσσης·

jouit la foudre : puisse-t-il céder à mes instances! Pour toi, maintenant, assis auprès de tes rapides vaisseaux, nourris ton courroux
contre les Grecs ; et garde-toi de combattre ! Parti, hier, vers l'Océan,
Jupiter s'est rendu à un banquet chez les Ethiopiens, renommés pour
leur justice ; tous les dieux l'ont suivi : le douzième jour, il reviendra
dans l'Olympe : c'est alors que j'irai dans son palais aux fondements
d'airain, tomber à ses genoux : je me flatte de le persuader. »

    A ces mots, elle s'éloigne, et laisse son fils profondément irrité au
souvenir de la captive à la belle ceinture, que, contre son gré, on lui a
ravie par force.

    Cependant Ulysse arriva à Chryse, conduisant l'hécatombe sacrée.
Dès que les Grecs furent entrés dans le port profond, ils ployèrent les
voiles, et les déposèrent dans le noir vaisseau ; se hâtèrent d'abattre,
à l'aide de câbles, le mât sur le coursier ; parvinrent, à force de rames,
jusqu'au port, jetèrent les ancres, et attachèrent les amarres. Ensuite

Ἀλλὰ σὺ μὲν νῦν | Mais toi à la vérité maintenant,
παρήμενος νηυσὶν | étant assis·auprès de *tes* vaisseaux
ὠκυπόροισι, | à la-course-rapide,
μήνιε Ἀχαιοῖσιν, | sois irrité contre les Achéens,
ἀποπαύεο δὲ πάμπαν πολέμου. | et abstiens-toi tout-à-fait de guerre.
Ζεὺς γὰρ ἔβη χθιζὸς | Car Jupiter est parti hier
κατὰ δαῖτα ἐς Ὠκεανὸν | pour un festin vers l'Océan,
μετὰ Αἰθιοπῆας ἀμύμονας, | chez les Éthiopiens irréprochables,
πάντες δὲ θεοὶ ἅμα ἕποντο. | et tous les dieux ensemble *l*'ont suivi.
Δωδεκάτῃ δέ τοι | Mais le douzième *jour* certainement
ἐλεύσεται αὖτις Οὔλυμπόνδε, | il viendra de nouveau vers l'Olympe,
καὶ τότε ἔπειτα εἶμί τοι | et alors ensuite j'irai pour toi
ποτὶ δῶ Διὸς | vers le palais de Jupiter,
χαλκοβατὲς, | aux-bases-d'airain,
καὶ γουνάσομαί μιν, | et j'embrasserai-aux-genoux lui,
καὶ ὀΐω μιν | et je pense lui
πείσεσθαι. » | devoir se laisser-persuader. »
Ἄρα φωνήσασα ὣς | Donc, ayant parlé ainsi,
ἀπεβήσατο· | elle s'en alla;
ἔλιπε δὲ αὐτοῦ τὸν | et elle laissa là lui
χωόμενον κατὰ θυμὸν | irrité dans *son* cœur
γυναικὸς ἐϋζώνοιο, | *pour* la femme à-la-belle-ceinture,
τήν ῥα ἀπηύρων | laquelle certes ils avaient enlevée
βίῃ ἀέκοντος. | par force malgré-lui.
Αὐτὰρ Ὀδυσσεὺς | Cependant Ulysse
ἵκανεν ἐς Χρύσην, | allait vers Chryse,
ἄγων ἑκατόμβην ἱερήν. | conduisant l'hécatombe sacrée.
Ὅτε δὲ δὴ οἱ ἵκοντο | Et donc, quand ceux-ci furent arrivés
ἐντὸς λιμένος πολυβενθέος, | en dedans du port très-profond,
στείλαντο μὲν ἱστία, | à la vérité ils plièrent les voiles,
θέσαν δὲ ἐν νηὶ μελαίνῃ· | ils *les* placèrent dans le vaisseau noir,
πέλασαν δὲ ἱστὸν ἱστοδόκῃ, | et approchèrent le mât du coursier,
ὑφέντες καρπαλίμως | *l*'ayant abaissé promptement
προτόνοισι· | avec les câbles;
προέρυσσαν δὲ τὴν | et ils poussèrent-en-avant le *vaisseau*
εἰς ὅρμον ἐρετμοῖς· | dans le port avec les rames;
ἐξέβαλον δὲ εὐνὰς, | ensuite ils jetèrent les ancres,
κατέδησαν δὲ πρυμνήσια· | et attachèrent les amarres;
αὐτοὶ δὲ καὶ ἐξέβαινον | puis eux-mêmes aussi descendirent
ἐπὶ ῥηγμῖνι θαλάσσης· | sur le rivage de la mer;

ἐκ δ' ἑκατόμβην βῆσαν ἑκηβόλῳ Ἀπόλλωνι·
ἐκ δὲ Χρυσηὶς νηὸς βῆ ποντοπόροιο.
Τὴν μὲν ἔπειτ' ἐπὶ βωμὸν ἄγων, πολύμητις Ὀδυσσεὺς   440
πατρὶ φίλῳ ἐν χερσὶ τίθει, καί μιν προςέειπεν·
«Ὦ Χρύση, πρό μ' ἔπεμψεν ἄναξ ἀνδρῶν Ἀγαμέμνων,
παῖδά τε σοὶ ἀγέμεν, Φοίβῳ θ' ἱερὴν ἑκατόμβην
ῥέξαι ὑπὲρ Δαναῶν, ὄφρ' ἱλασόμεσθα ἄνακτα,
ὃς νῦν Ἀργείοισι πολύστονα κήδε' ἐφῆκεν. »   445
Ὣς εἰπὼν, ἐν χερσὶ τίθει· ὁ δ' ἐδέξατο χαίρων
παῖδα φίλην. Τοὶ δ' ὦκα θεῷ κλειτὴν ἑκατόμβην
ἑξείης ἔστησαν ἐΰδμητον περὶ βωμόν·
χερνίψαντο δ' ἔπειτα, καὶ οὐλοχύτας ἀνέλοντο.
Τοῖσιν δὲ Χρύσης μεγάλ' εὔχετο, χεῖρας ἀνασχών·   450
« Κλῦθί μευ, Ἀργυρότοξ', ὃς Χρύσην ἀμφιβέβηκας,
Κίλλαν τε ζαθέην, Τενέδοιό τε ἶφι ἀνάσσεις.
Ἤδη μέν ποτ' ἐμεῦ πάρος ἔκλυες εὐξαμένοιο,
τίμησας μὲν ἐμὲ, μέγα δ' ἴψαο λαὸν Ἀχαιῶν·
ἠδ' ἔτι καὶ νῦν μοι τόδ' ἐπικρήηνον ἐέλδωρ·   455

descendus sur le rivage, ils tirèrent du vaisseau l'hécatombe destinée
au puissant Apollon. Enfin sortit Chryséis. Le sage Ulysse, la conduisant vers l'autel, la remit aux mains d'un père chéri, à qui il adressa
ces mots :

« O Chrysès! Agamemnon, roi des hommes, m'a envoyé vers toi,
pour te ramener ta fille, et immoler à Phébus, de la part des Grecs,
une hécatombe sacrée, afin que nous apaisions ce dieu qui, naguère,
a envoyé contre nous des maux, source de tant de gémissements! »

Il dit, et lui remit Chryséis. Le prêtre reçut, plein d'allégresse, cette
fille tendrement aimée; et les Grecs, avec ordre, rangèrent la riche
hécatombe autour de l'autel magnifique; puis ils lavèrent leurs mains,
et prirent l'orge sacrée. Cependant Chrysès, à haute voix, priait pour
eux, en élevant les mains vers le ciel :

« Écoute-moi, dieu qui portes un arc d'argent, qui protèges Chryse
et la divine Cilla, roi puissant de Ténédos! Déjà tu as exaucé ma prière;
et, en vengeant mon honneur, tu as sévèrement châtié l'armée des

ἐξέβησαν δὲ ἑκατόμβην   et firent sortir l'hécatombe
Ἀπόλλωνι ἑκηβόλῳ ·   pour Apollon qui-frappe-au-loin ;
Χρυσηὶς δὲ ἐξέβη   et Chryséis sortit
νηὸς ποντοπόροιο.   du vaisseau qui-voyage-sur-la mer.
Ἔπειτα μὲν πολύμητις Ὀδυσσεὺς Ensuite, à la vérité, le sage Ulysse,
ἄγων τὴν ἐπὶ βωμὸν,   conduisant elle vers l'autel,
τίθει ἐν χερσὶ   la plaça dans les mains
πατρὶ φίλῳ,   à son père chéri,
καὶ προςέειπέ μιν ·   et adressa la parole à lui :
« Ὦ Χρύση, ἄναξ ἀνδρῶν   « O Chrysès, le roi des hommes,
Ἀγαμέμνων προέπεμψέ με,   Agamemnon a envoyé moi,
ἀγέμεν τε σοὶ παῖδα,   et pour conduire à toi ta fille,
ῥέξαι τε Φοίβῳ   et pour sacrifier à Phébus,
ὑπὲρ Δαναῶν   en faveur des fils-de-Danaüs,
ἑκατόμβην ἱερὴν,   une hécatombe sacrée,
ὄφρα ἱλασόμεσθα ἄνακτα,   afin que nous apaisions le roi,
ὃς νῦν ἐφῆκεν Ἀργείοισι   qui maintenant a envoyé aux Argiens
κήδεα πολύστονα. »   des malheurs déplorables. »
Εἰπὼν ὣς,   Ayant parlé ainsi,
τίθει ἐν χερσίν ·   il la plaça dans ses mains ;
ὁ δὲ χαίρων ἐδέξατο   Or lui, se réjouissant, reçut
παῖδα φίλην. Τοὶ δὲ ὦκα   sa fille chérie ; puis ceux-ci aussitôt
ἔστησαν ἑξείης θεῷ   placèrent par ordre pour le dieu
ἑκατόμβην κλειτὴν   l'hécatombe superbe
περὶ βωμὸν ἐΰδμητον ·   auprès de l'autel bien-bâti ;
ἔπειτα δὲ χερνίψαντο,   et ensuite ils lavèrent-leurs-mains
καὶ ἀνέλοντο οὐλοχύτας,   et prirent l'orge-sacrée.
Χρύσης δὲ, ἀνασχὼν χεῖρας,   Mais Chrysès, ayant élevé les mains,
εὔχετο μεγάλα τοῖσιν ·   priait à haute-voix pour eux :
« Κλῦθί μευ, Ἀργυρότοξε,   « Écoute-moi, dieu-à-l'arc-d'argent,
ὃς ἀμφιβέβηκας Χρύσην,   toi-qui protèges Chryse,
Κίλλαν τε ζαθέην,   et Cilla divine,
ἀνάσσεις τε ἶφι Τενέδοιο.   et règnes puissamment sur Ténédos.
Ἤδη μὲν ποτε πάρος   A la vérité déjà un jour précédemment
ἔκλυες ἐμεῦ εὐξαμένοιο,   tu as écouté moi ayant prié,
τίμησας μὲν ἐμὲ,   d'un côté tu as honoré moi,
ἴψαο δὲ μέγα   et de l'autre tu as affligé beaucoup
λαὸν Ἀχαιῶν ·   le peuple des Achéens:
ἠδὲ ἔτι καὶ νῦν   et encore aussi maintenant
ἐπικρήηνόν μοι τόδε ἐέλδωρ ·   accomplis à moi ce vœu :

ἤδη νῦν Δαναοῖσιν ἀεικέα λοιγὸν ἄμυνον. »

Ὣς ἔφατ' εὐχόμενος· τοῦ δ' ἔκλυε Φοῖβος Ἀπόλλων.

Αὐτὰρ ἐπεί ῥ' εὔξαντο, καὶ οὐλοχύτας προβάλοντο,
αὖ ἔρυσαν[1]μὲν πρῶτα, καὶ ἔσφαξαν καὶ ἔδειραν,
μηρούς τ' ἐξέταμον[2]κατά τε κνίσση ἐκάλυψαν,   460
δίπτυχα ποιήσαντες, ἐπ' αὐτῶν δ' ὠμοθέτησαν.
Καῖε δ' ἐπὶ σχίζης ὁ γέρων, ἐπὶ δ' αἴθοπα οἶνον
λεῖβε· νέοι δὲ παρ' αὐτὸν ἔχον πεμπώβολα χερσίν.
Αὐτὰρ ἐπεὶ κατὰ μῆρ' ἐκάη καὶ σπλάγχν' ἐπάσαντο,
μίστυλλόν τ' ἄρα τἄλλα, καὶ ἀμφ' ὀβελοῖσιν ἔπειραν,   465
ὤπτησάν τε περιφραδέως, ἐρύσαντό τε πάντα.
Αὐτὰρ ἐπεὶ παύσαντο πόνου τετύκοντό τε δαῖτα,
δαίνυντ', οὐδέ τι θυμὸς ἐδεύετο δαιτὸς ἐΐσης.
Αὐτὰρ ἐπεὶ πόσιος καὶ ἐδητύος ἐξ ἔρον ἕντο,
κοῦροι μὲν κρητῆρας[3]ἐπεστέψαντο ποτοῖο·   470
νώμησαν δ' ἄρα πᾶσιν, ἐπαρξάμενοι δεπάεσσιν.
Οἱ δὲ πανημέριοι μολπῇ θεὸν ἱλάσκοντο,

Grecs. Exauce encore aujourd'hui le vœu que je forme! Dès ce moment, sauve les Grecs d'une ruine funeste! »

Telle fut sa prière : Phébus Apollon l'exauça. Les Grecs prièrent
aussi ; après avoir répandu l'orge sacrée, et renversé en arrière la tête
des victimes, ils les égorgèrent, les dépouillèrent, leur coupèrent les
cuisses qu'ils couvrirent d'une double enveloppe de graisse, et sur ces
membres placèrent des chairs palpitantes. Le vieillard les brûlait à
l'aide de branches divisées par la hâche, et répandait dessus un vin
noir. Auprès de lui, des jeunes gens tenaient à la main des dards à
cinq pointes; et lorsque les cuisses furent consumées, et qu'ils eurent
goûté les entrailles, ils coupèrent par morceaux ce qui restait des
chairs, les percèrent de leurs dards, et après les avoir fait rôtir avec
habileté, les éloignèrent du feu. Dès qu'ils eurent terminé ces apprêts
et disposé les mets, le banquet commença ; et les viandes, également
partagées, satisfirent à tous les désirs. Lorsque la faim et la soif furent
apaisés, les jeunes gens couronnèrent les cratères d'un vin qu'ils dis-
tribuèrent à tous les convives, après avoir offert les prémices des coupes. Tout le jour, des chants appelèrent la protection du dieu ; les en-

ἤδη νῦν ἄμυνον	déjà maintenant détourne
Δαναοῖσι λοιγὸν ἀεικέα. υ	des fils-de-Danaüs le fléau cruel. »
Ἔφατο ὡς εὐχόμενος·	Il parla ainsi en priant,
Φοῖβος δὲ Ἀπόλλων ἔκλυε τοῦ.	et Phébus Apollon entendit lui.
Αὐτὰρ ἐπεί ῥα εὔξαντο,	Ensuite quand donc ils eurent prié,
καὶ προβάλοντο οὐλοχύτας,	et eurent répandu les grains-d'orge,
πρῶτα μὲν ἔρυσαν αὖ,	d'abord ils levèrent en arrière,
καὶ ἔσφαξαν καὶ ἔδειραν·	et égorgèrent et dépouillèrent,
ἐξέταμόν τε μηροὺς,	et ils coupèrent les cuisses,
κατεκάλυψάν τε κνίσσῃ,	et les couvrirent de graisse,
ποιήσαντες δίπτυχα,	ayant fait-en double,
ὠμοθέτησαν δὲ ἐπὶ αὐτῶν.	et posèrent-des-chairs-crues sur elles.
Ὁ δὲ γέρων καῖεν	Or le vieillard les brûlait
ἐπὶ σχίζης,	sur des bois-fendus,
ἐπέλειβε δὲ οἶνον αἴθοπα·	et répandait-par-dessus un vin noir ;
νέοι δὲ παρὰ αὐτὸν	et des jeunes-gens auprès de lui
ἔχον χερσὶ	avaient dans les mains
πεμπώβολα.	des broches-à-cinq-pointes.
Αὐτὰρ ἐπεὶ μῆρα	Ensuite lorsque les cuisses
κατεκάη,	furent consumées,
καὶ ἐπάσχντο σπλάγχνα,	et qu'ils eurent goûté des entrailles,
μίστυλλόν τε ἄρα	alors certes ils coupèrent-en-morceaux
τὰ ἄλλα,	les autres choses,
καὶ ἔπειραν ἀμφὶ ὀβελοῖσιν,	et les percèrent autour des broches,
ὤπτησάν τε περιφραδέως,	et les firent-cuire avec soin,
ἐρύσαντό τε πάντα.	et retirèrent le tout.
Αὐτὰρ ἐπεὶ παύσαντο πόνου	Puis quand ils eurent cessé le travail
τετύκοντό τε δαῖτα,	et qu'ils eurent préparé le festin,
δαίνυντο, θυμὸς δὲ	ils commencèrent-le-festin, et le désir
οὐκ ἐδεύετό τι	ne manqua en rien
δαιτὸς ἐΐσης.	d'une nourriture égale.
Αὐτὰρ ἐπεὶ ἔξεντο	Ensuite, lorsqu'ils eurent déposé
ἔρον πόσιος καὶ ἐδητύος.	le désir du boire et du manger,
κοῦροι μὲν ἐπεστέψαντο	d'abord des jeunes-gens couronnèrent
κρητῆρας ποτοῖο·	les cratères de boisson ;
νώμησαν δὲ ἄρα πᾶσιν,	puis donc les distribuèrent à tous,
ἐπαρξάμενοι δεπάεσσιν.	ayant offert-les-prémices des coupes.
Οἱ δὲ κοῦροι Ἀχαιῶν	Mais les jeunes-fils des Achéens
πανημέριοι μολπῇ	pendant-tout-le-jour par des chants
ἱλάσκοντο θεὸν,	essayaient-d'apaiser le dieu,

3.

καλὸν ἀείδοντες παιήονα[1], κοῦροι Ἀχαιῶν,
μέλποντες Ἑκάεργον· ὁ δὲ φρένα τέρπετ' ἀκούων.

Ἦμος δ' ἠέλιος κατέδυ, καὶ ἐπὶ κνέφας ἦλθε,   475
δὴ τότε κοιμήσαντο παρὰ πρυμνήσια νηός.

Ἦμος δ' ἠριγένεια φάνη ῥοδοδάκτυλος Ἠώς[2],
καὶ τότ' ἔπειτ' ἀνάγοντο μετὰ στρατὸν εὐρὺν Ἀχαιῶν.
Τοῖσιν δ' ἴκμενον οὖρον ἵει ἑκάεργος Ἀπόλλων.

Οἱ δ' ἱστὸν στήσαντ', ἀνά θ' ἱστία λευκὰ πέτασσαν·   480
ἐν δ' ἄνεμος πρῆσεν μέσον ἱστίον, ἀμφὶ δὲ κῦμα
στείρῃ πορφύρεον μεγάλ' ἴαχε, νηὸς ἰούσης·
ἡ δ' ἔθεεν κατὰ κῦμα, διαπρήσσουσα κέλευθον.

Αὐτὰρ ἐπεί ῥ' ἵκοντο κατὰ στρατὸν εὐρὺν Ἀχαιῶν,
νῆα μὲν οἵγε μέλαιναν ἐπ' ἠπείροιο ἔρυσσαν   485
ὑψοῦ ἐπὶ ψαμάθοις, ὑπὸ δ' ἕρματα μακρὰ τάνυσσαν·
αὐτοὶ δ' ἐσκίδναντο κατὰ κλισίας τε νέας τε.

Αὐτὰρ ὁ μήνιε, νηυσὶ παρήμενος ὠκυπόροισι,
Διογενὴς Πηλέος υἱὸς, πόδας ὠκὺς Ἀχιλλεύς·
οὔτε ποτ' εἰς ἀγορὴν πωλέσκετο κυδιάνειραν,   490
οὔτε ποτ' ἐς πόλεμον· ἀλλὰ φθινύθεσκε φίλον κῆρ,

fants des Grecs firent retentir, pour le célébrer, le sublime Péan, et il goûtait à les entendre une secrète joie.

Cependant le soleil disparaît, les ténèbres lui succèdent, et ils vont se livrer au sommeil auprès des amarres du vaisseau ; mais aussitôt que se montre la fille du matin, l'Aurore aux doigts de rose, ils retournent vers la vaste armée des Grecs. Apollon, aux traits redoutables, leur envoie un vent propice ; ils dressent le mât, déploient leurs voiles blanches, que gonfle un souffle favorable ; et, autour de la carène, résonne le flot empourpré pendant la marche du vaisseau, qui vole sur la liquide plaine, et achève sa course. Arrivés au camp des Grecs, ils tirent au loin sur le sable le noir vaisseau, et le placent sur de longs supports ; ensuite ils se dispersent au milieu des tentes et des vaisseaux.

Cependant, assis auprès de ses rapides vaisseaux, le noble fils de Pélée, Achille aux pieds légers, nourrissait sa colère. Jamais il ne paraissait dans le conseil des chefs ; jamais dans les combats. Son cœur

ἀείδοντες παιήονα καλόν,	chantant un péan beau,
μέλποντες Ἑκάεργον·	célébrant celui qui-frappe-au-loin :
ὁ δὲ ἀκούων	or lui écoutant
τέρπετο φρένα.	était charmé *quant* à l'âme.
Ἦμος δὲ ἠέλιος κατέδυ,	Mais quand le soleil fut couché,
καὶ κνέφας ἐπῆλθε,	et que l'obscurité survint,
τότε δὴ κοιμήσαντο	alors certes ils se couchèrent
παρὰ πρυμνήσια νηός.	auprès des amarres du vaisseau.
Ἦμος δὲ φάνη ἠριγένεια	Mais quand parut la fille-du-matin,
Ἠὼς ῥοδοδάκτυλος,	l'aurore aux-doigts-de-rose,
καὶ τότε ἔπειτα ἀνάγοντο	alors ensuite ils étaient reportés
μετὰ στρατὸν εὐρὺν Ἀχαιῶν·	vers l'armée vaste des Achéens ;
Ἀπόλλων δὲ ἑκάεργος	et Apollon qui-frappe-au-loin
ἵει τοῖσιν οὖρον ἵκμενον.	envoyait à eux un vent favorable.
Οἱ δὲ στήσαντο ἱστὸν,	Et eux dressèrent le mât,
ἀνεπέτασσάν τε ἱστία λευκά·	et déployèrent les voiles blanches ;
ἄνεμος δὲ ἐνέπρησε	alors le vent enfla
μέσον ἱστίον,	le milieu de la voile,
ἀμφὶ δὲ στείρη κῦμα πορφύρεον	et autour de la carène, un flot pourpré
ἴαχε μεγάλα,	retentissait grandement,
νηὸς ἰούσης·	le vaisseau avançant ;
ἡ δὲ ἔθεεν κατὰ κῦμα,	et celui-ci courait sur le flot,
διαπρήσσουσα κέλευθον.	achevant *sa* route.
Αὐτάρ ῥα ἐπεὶ ἵκοντο	Ensuite donc quand ils furent venus
κατὰ στρατὸν εὐρὺν Ἀχαιῶν,	vers l'armée vaste des Achéens,
οἵγε μὲν ἔρυσσαν	ceux-ci à la vérité tirèrent
νῆα μέλαιναν ἐπὶ ἠπείροιο	le vaisseau noir sur le continent
ὑψοῦ ἐπὶ ψαμάθοις,	en haut sur les sables,
ὑπετάνυσσαν δὲ	et étendirent-dessous
ἕρματα μακρά·	des supports longs,
αὐτοὶ δὲ ἐσκίδναντο	et eux-mêmes se dispersèrent
κατὰ κλισίας τε νέας τε.	dans et les tentes et les vaisseaux.
Αὐτὰρ μήνιε,	Cependant se livrait-à-sa-fureur,
παρήμενος νηυσὶν ὠκυπόροισιν	assis près de *ses* vaisseaux rapides,
ὁ υἱὸς Διογενὴς Πηλέος,	le fils noble de Pélée,
Ἀχιλλεὺς ὠκὺς πόδας·	Achille léger *quant* aux pieds;
οὗ ποτέ τε πωλέσκετο	et jamais il ne se trouvait
ἐς ἀγορὴν κυδιάνειραν,	dans l'assemblée féconde-en-héros,
οὔτε ποτὲ ἐς πόλεμον·	ni jamais au combat ;
ἀλλὰ φθινύθεσκε φίλον κῆρ,	mais il consumait son cœur,

αὖθι μένων, ποθέεσκε δ' ἀϋτήν τε πτόλεμόν τε.

Ἀλλ' ὅτε δή ῥ' ἐκ τοῖο δυωδεκάτη γένετ' ἠὼς,
καὶ τότε δὴ πρὸς Ὄλυμπον ἴσαν θεοὶ αἰὲν ἐόντες
πάντες ἅμα, Ζεὺς δ' ἦρχε. Θέτις¹ δ' οὐ λήθετ' ἐφετμέων   495
παιδὸς ἑοῦ, ἀλλ' ἥγ' ἀνεδύσατο κῦμα θαλάσσης,
ἠερίη δ' ἀνέβη μέγαν οὐρανὸν Οὔλυμπόν τε.
Εὗρεν δ' εὐρύοπα Κρονίδην ἄτερ ἥμενον ἄλλων
ἀκροτάτῃ κορυφῇ πολυδειράδος Οὐλύμποιο.
Καί ῥα πάροιθ' αὐτοῖο καθέζετο, καὶ λάβε γούνων   500
σκαιῇ· δεξιτερῇ δ' ἄρ' ὑπ' ἀνθερεῶνος ἑλοῦσα,
λισσομένη προςέειπε Δία Κρονίωνα ἄνακτα·

« Ζεῦ πάτερ, εἴποτε δή σε μετ' ἀθανάτοισιν ὄνησα
ἢ ἔπει, ἢ ἔργῳ, τόδε μοι κρήηνον ἐέλδωρ·
τίμησόν μοι υἱὸν, ὃς ὠκυμορώτατος ἄλλων   505
ἔπλετ'· ἀτάρ μιν νῦν γε ἄναξ ἀνδρῶν Ἀγαμέμνων
ἠτίμησεν· ἑλὼν γὰρ ἔχει γέρας, αὐτὸς ἀπούρας.
Ἀλλὰ σύ πέρ μιν τῖσον, Ὀλύμπιε, μητίετα Ζεῦ·

se consumait au sein de cette inaction : car il regrettait les cris et les périls du champ de bataille.

Quand le douzième jour après celui-ci eut paru, les dieux immortels revinrent dans l'Olympe, tous ensemble, et Jupiter à leur tête. Thétis n'avait pas oublié la prière de son fils. Elle sortit du sein des flots, et s'élançant dans les airs, atteignit les vastes régions du ciel et de l'Olympe. Elle trouva le fils tonnant de Saturne, assis, loin des autres dieux, sur le sommet le plus élevé de ce mont aux cimes nombreuses, se plaça devant lui, de la main gauche, lui toucha les genoux; de la droite, le menton; et, suppliante, parla en ces mots au puissant Jupiter, fils de Saturne :

« Jupiter ! s'il est vrai qu'autrefois parmi les immortels j'ai servi ta puissance par ma voix et par mes actions, exauce le vœu que je forme : accorde des honneurs à mon fils, qui de tous les guerriers doit arriver le plus rapidement au terme de la vie ! Toutefois Agamemnon, roi des hommes, lui a ravi, arraché sa récompense ; elle est entre ses mains. Mais toi, donne-lui la gloire, maître de l'Olympe, prudent Jupiter ;

μένων αὖθι, ποθέεσκε δὲ   restant là, et il regrettait
αὐτήν τε πτόλεμόν τε.   et le cri-du-combat et la guerre.
  Ἀλλὰ ὅτε δή ῥα γένετο   Mais lorsque enfin donc vint
ἠὼς δωδεκάτη ἐκ τοῖο,   l'aurore douzième depuis ce *temps*,
τότε δὴ καὶ θεοὶ   alors certes aussi les dieux
ἐόντες αἰὲν   étant toujours
ἴσαν Ὄλυμπον,   allèrent vers l'Olympe
πάντες ἅμα,   tous ensemble,
Ζεὺς δὲ ἦρχε.   et Jupiter était-à-la-tête.
Θέτις δὲ οὐ λήθετο   Or Thétis n'oubliait pas
ἐφετμέων ἑοῦ παιδὸς,   les prières de son fils,
ἀλλὰ ἥγε ἀνεδύσατο   mais elle-même s'éleva
κῦμα θαλάσσης,   sur le flot de la mer,
ἠερίη δὲ ἀνέβη   et matinale elle monta
οὐρανὸν μέγαν Οὔλυμπόν τε.   vers le ciel grand et l'Olympe.
Εὗρε δὲ Κρονίδην   Or elle trouva le fils-de-Saturne
εὐρύοπα   qui-se-fait-entendre-au-loin
ἥμενον ἄτερ ἄλλων   assis à l'écart des autres
κορυφῇ ἀκροτάτῃ   sur le sommet le plus élevé
Ὀλύμποιο πολυδειράδος.   de l'Olympe aux-nombreuses-cimes
Καί ῥα καθέζετο πάροιθεν αὐτοῖο,   Et donc elle s'assit devant lui,
καὶ λάβε γούνων   et *le* prit-par-les-genoux
σκαιῇ· δεξιτερῇ δὲ   de la main gauche; et de la droite
ἑλοῦσα ἄρα ὑπὸ ἀνθερεῶνος   *l'*ayant pris aussi sous le menton,
προσέειπε λισσομένη   elle s'adressa en suppliant
Δία ἄνακτα Κρονίωνα·   à Jupiter roi, fils-de-Saturne :
  « Ζεῦ πάτερ,   « Jupiter, père *des dieux*,
εἴ ποτε δὴ ὄνησά σε   si jamais certes j'ai été utile à toi
μετὰ ἀθανάτοισιν   entre les immortels
ἢ ἔπει ἢ ἔργῳ,   ou en parole ou en action,
κρήηνόν μοι τόδε ἐέλδωρ·   accomplis à moi ce vœu :
τίμησόν μοι υἱὸν,   honore à moi un fils,
ὃς ἔπλετο ἄλλων   qui se trouve des autres *guerriers*
ὠκυμορώτατος·   ayant-la-vie-la-plus-courte ;
ἀτὰρ νῦν γε ἄναξ ἀνδρῶν   mais aujourd'hui le roi des hommes
Ἀγαμέμνων ἠτίμησέ μιν·   Agamemnon a outragé lui;
ἑλὼν γὰρ ἔχει γέρας,   car ayant pris, il a *sa* récompense,
ἀπούρας αὐτός.   *l'*ayant enlevée lui-même.
Ἀλλὰ σύ περ τῖσόν μιν,   Mais toi, du moins, venge lui,
Ὀλύμπιε, μητίετα Ζεῦ·   dieu-de-l'Olympe, prudent Jupiter :

τόφρα δ' ἐπὶ Τρώεσσι τίθει κράτος, ὄφρ' ἂν Ἀχαιοὶ
υἱὸν ἐμὸν τίσωσιν, ὀφέλλωσίν τέ ἑ τιμῇ. »   510
    Ὣς φάτο· τὴν δ' οὔτι προςέφη νεφεληγερέτα Ζεὺς,
ἀλλ' ἀκέων δὴν ἧστο. Θέτις δ', ὡς ἥψατο γούνων,
ὣς ἔχετ' ἐμπεφυυῖα, καὶ εἴρετο δεύτερον αὖτις·
    « Νημερτὲς μὲν δή μοι ὑπόσχεο καὶ κατάνευσον,
ἢ ἀπόειπ'· ἐπεὶ οὔ τοι ἔπι δέος· ὄφρ' εὖ εἰδῶ   515
ὅσσον ἐγὼ μετὰ πᾶσιν ἀτιμοτάτη θεός εἰμι. »
    Τὴν δὲ μέγ' ὀχθήσας προςέφη νεφεληγερέτα Ζεύς[1]·
« Ἦ δὴ λοίγια ἔργ', ὅτε μ' ἐχθοδοπῆσαι ἐφήσεις
Ἥρῃ, ὅτ' ἄν μ' ἐρέθῃσιν ὀνειδείοις ἐπέεσσιν
Ἥ δὲ καὶ αὔτως μ' αἰεὶ ἐν ἀθανάτοισι θεοῖσι   520
νεικεῖ, καί τέ μέ φησι μάχῃ Τρώεσσιν ἀρήγειν.
Ἀλλὰ σὺ μὲν νῦν αὖτις ἀπόστιχε, μή σε νοήσῃ
Ἥρη· ἐμοὶ δέ κε ταῦτα μελήσεται, ὄφρα τελέσσω.
Εἰ δ' ἄγε τοι κεφαλῇ κατανεύσομαι, ὄφρα πεποίθῃς·

rends les Troyens victorieux jusqu'au jour où les Grecs, pleins de respect pour mon fils, accroîtront ses honneurs !

    Elle dit : Jupiter, roi des nuages, ne lui donna aucune réponse, et
resta longtemps silencieux. Mais Thétis, qui embrassait ses genoux,
s'y tint attachée ; et renouvelant ses instances :

    « Fais-moi une promesse confirmée par le signe de ta tête ; ou pro-
nonce un refus, puisque tu n'as rien à craindre ; afin que je sache
bien que de toutes les déesses je suis la plus méprisée. »

    Jupiter poussa un profond soupir et lui dit : « Il naîtra des dissen-
sions bien funestes, quand tu m'auras attiré la haine de Junon, et
qu'elle excitera ma colère par d'outrageants reproches ! Sans cesse elle
m'invective au hasard en présence des immortels, et m'accuse de secourir les Troyens dans les combats. Mais éloigne-toi, de peur qu'elle
ne t'aperçoive. Je mettrai mes soins à accomplir tes désirs, et je vais
te faire signe de ma tête pour t'en convaincre : les dieux ne connais-

ἐπιτίθει δὲ κράτος Τρώεσσι	et place la victoire sur les Troyens
τόφρα ὄφρα Ἀχαιοὶ	jusqu'à ce que les Achéens
ἂν τίσωσιν ἐμὸν υἱὸν,	aient honoré mon fils,
ὀφέλλωσίν τέ ἑ τιμῇ. »	et agrandi lui par l'honneur. »
Φάτο ὥς· Ζεὺς δὲ	Elle parla ainsi : mais Jupiter,
νεφεληγερέτα	qui-assemble-les-nuages,
οὐ προσέφη τι τὴν,	ne répondit rien à elle;
ἀλλὰ ἧστο δὴν ἀκέων.	mais il resta long-temps silencieux.
Ὡς δὲ Θέτις	Or de même que Thétis
ἥψατο γούνων,	avait touché ses genoux,
ὡς ἔχετο ἐμπεφυυῖα,	de même elle les tenait s'y attachant,
καὶ εἴρετο	et elle interrogeait
δεύτερον αὖτις·	une seconde-fois encore.
« Ὑπόσχεο μὲν δὴ μοὶ	« Promets donc à moi,
καὶ κατάνευσον	et fais-un-signe-d'assentiment
νημερτὲς, ἢ ἀπόειπε·	véritablement, ou refuse;
ἐπεὶ δέος οὐκ ἔπι τοι·	puisque la crainte n'est pas à toi,
ὄφρα εἰδῶ εὖ	afin que je sache bien
ὅσσον ἐγὼ μετὰ πᾶσιν	combien moi parmi toutes
εἰμὶ θεὸς ἀτιμοτάτη. »	je suis la déesse la moins-honorée. »
Ζεὺς δὲ νεφεληγερέτα	Or Jupiter qui-assemble-les-nuages,
ὀχθήσας μέγα προσέφη τήν·	ayant soupiré grandement, dit à elle :
« Ἦ δὴ λοίγια ἔργα,	« Donc tristes seront les actes,
ὅτε ἐφήσεις με	puisque tu auras poussé moi
ἐχθοδοπῆσαι Ἥρῃ,	à avoir montré-de-la-haine à Junon,
ὅτε ἂν ἐρέθῃσί με	quand elle irritera moi
ἐπέεσσιν ὀνειδείοις.	par des paroles injurieuses.
Ἡ δὲ καὶ νεικεῖ με	Or celle-ci aussi querelle moi
αἰεὶ αὔτως	toujours sans raison
ἐν θεοῖσιν ἀθανάτοισι,	parmi les dieux immortels,
φησί τε καὶ μὲ ἀρήγειν	et dit aussi moi porter-secours
Τρώεσσι μάχῃ.	aux Troyens dans le combat.
Ἀλλὰ σὺ μὲν νῦν	Mais toi à la vérité maintenant
ἀπόστιχε αὖτις,	retire-toi en arrière,
μὴ Ἥρη νοήσῃ σε·	de peur que Junon n'ait aperçu toi :
ταῦτα δέ κε μελήσεται ἐμοὶ,	et ces choses seront-à-soin à moi,
ὄφρα τελέσσω.	afin que je les accomplisse.
Εἰ δὲ, ἄγε,	Or si tu veux, allons,
κατανεύσομαι τοὶ κεφαλῇ,	je ferai-un-signe à toi de la tête,
ὄφρα πεποίθῃς·	afin que tu aies-confiance ;

τοῦτο γὰρ ἐξ ἐμέθεν γε μετ' ἀθανάτοισι μέγιστον   525
τέκμωρ· οὐ γὰρ ἐμὸν παλινάγρετον, οὐδ' ἀπατηλὸν,
οὐδ' ἀτελεύτητον, ὅ τι κεν κεφαλῇ κατανεύσω. »
    Ἦ, καὶ κυανέῃσιν ἐπ' ὀφρύσι νεῦσε Κρονίων·
ἀμβρόσιαι δ' ἄρα χαῖται ἐπερρώσαντο ἄνακτος
κρατὸς ἀπ' ἀθανάτοιο· μέγαν δ' ἐλέλιξεν Ὄλυμπον[1].   530
    Τώγ' ὣς βουλεύσαντε διέτμαγεν· ἡ μὲν ἔπειτα
εἰς ἅλα ἆλτο βαθεῖαν ἀπ' αἰγλήεντος Ὀλύμπου,
Ζεὺς δὲ ἑὸν πρὸς δῶμα. Θεοὶ δ' ἅμα πάντες ἀνέσταν
ἐξ ἑδέων, σφοῦ πατρὸς ἐναντίον· οὐδέ τις ἔτλη
μεῖναι ἐπερχόμενον, ἀλλ' ἀντίοι ἔσταν ἅπαντες.   535
Ὡς ὁ μὲν ἔνθα καθέζετ' ἐπὶ θρόνου· οὐδέ μιν Ἥρη
ἠγνοίησεν ἰδοῦσ', ὅτι οἱ συμφράσσατο βουλὰς
ἀργυρόπεζα[2]Θέτις, θυγάτηρ ἁλίοιο γέροντος[3].
Αὐτίκα κερτομίοισι Δία Κρονίωνα προσηύδα·
    « Τίς δ' αὖ τοι, δολομῆτα, θεῶν συμφράσσατο βουλάς;   540
Αἰεί σοι φίλον ἐστὶν, ἐμεῦ ἀπονόσφιν ἐόντα,

sent pas de gage plus certain de ma promesse; car il n'est en mon pouvoir ni de révoquer, ni de démentir, ni de ne pas accomplir ce que j'ai
ainsi confirmé. »

A ces mots, le fils de Saturne abaissa ses noirs sourcils. Parfumée
d'ambroisie, la chevelure du souverain des dieux s'agita sur sa tête
immortelle; et le vaste Olympe fut ébranlé.

Tous les deux, après cet entretien, se séparèrent. Thétis se précipita
du brillant Olympe dans les profonds abîmes de la mer; et Jupiter
rentra dans son palais. Les dieux, en présence de leur père, se levèrent tous ensemble, car aucun d'eux n'eût osé l'attendre, et ils s'avan-
cèrent à sa rencontre.

Il se plaça sur son trône. Cependant il n'avait pu échapper aux regards
de Junon; elle l'avait vu s'entretenir avec Thétis aux pieds d'argent,
fille du vieillard de la mer; et elle se hâta d'adresser au fils de Saturne
des reproches plein d'aigreur:

« Et qui des immortels est encore venu, époux artificieux, concer-
ter des projets avec toi? Tu t'es toujours plu, loin de moi, à prendre

τοῦτο γὰρ γε ἐξ ἐμέθεν	car cela *est* certes de la part de moi
τέκμωρ μέγιστον	le témoignage le plus grand
μετὰ ἀθανάτοισιν·	parmi les immortels ;
ἐμὸν γὰρ οὐ παλινάγρετον,	car mon *signe* n'*est* pas révocable
οὐδὲ ἀπατηλὸν,	ni trompeur,
οὐδὲ ἀτελεύτητον,	ni sans-accomplissement,
ὅ τι κεν κατανεύσω κεφαλῇ. »	celui que j'aurai confirmé par la tête.»
Κρονίων ἦ,	Le fils-de-Saturne dit
καὶ ἐπένευσεν	et fit un signe
ὀφρύσι κυανέῃσιν·	par *ses* sourcils azurés.
χαῖται δὲ ἄρα ἀμβρόσιαι	Et certes les chevelures d'-ambroisie
ἄνακτος ἐπερρώσαντο	du roi *céleste* s'agitèrent
ἀπὸ κρατὸς ἀθανάτοιο·	de *sa* tête immortelle ;
ἐλέλιξε δὲ Ὄλυμπον μέγαν.	et il ébranla l'Olympe vaste.
Τώγε βουλεύσαντε ὣς	Eux-deux ayant délibéré ainsi
διέτμαγεν· ἡ μὲν ἔπειτα	se séparèrent ; celle-ci ensuite
ἆλτο εἰς ἅλα βαθεῖαν	sauta dans la mer profonde
ἀπὸ Ὀλύμπου αἰγλήεντος,	de l'Olympe resplendissant,
Ζεὺς δὲ πρὸς ἑὸν δῶμα.	et Jupiter *revint* dans son palais.
Θεοὶ δὲ πάντες ἅμα	Or les dieux tous ensemble
ἀνέσταν ἐξ ἑδέων,	se levèrent de *leurs* sièges
ἐναντίον σφοῦ πατρός·	en présence de leur père ;
οὐδέ τις ἔτλη	et aucun ne supporta pas
μεῖναι ἐπερχόμενον,	attendre *lui* venant,
ἀλλὰ πάντες ἔσταν ἀντίοι.	mais tous se tinrent-debout en-face.
Ὣς ὁ μὲν ἔνθα	Ainsi celui-ci alors
καθέζετο ἐπὶ θρόνου·	s'assit sur *son* trône ;
οὐδὲ Ἥρη ἰδοῦσα	et Junon ayant vu
ἠγνοίησέ μιν,	n'ignora pas lui
ὅτι Θέτις ἀργυρόπεζα	que Thétis aux-pieds-d'argent
θυγάτηρ γέροντος ἁλίοιο,	fille du vieillard marin,
συμφράσσατό οἱ βουλάς.	avait concerté-avec lui des projets.
Αὐτίκα προςηύδα	Aussitôt elle s'adressa
κερτομίοισι	en termes-amers
Δία Κρονίωνα·	à Jupiter, fils-de-Saturne.
« Τίς δὲ αὖ θεῶν,	« Et qui encore des dieux,
δολομῆτα,	ô artificieux,
συμφράσσατό τοι βουλάς ;	a concerté avec toi des projets ?
Ἐστὶν αἰεὶ φίλον σοι,	Il est toujours agréable à toi,
ἐόντα ἀπονόσφιν ἐμεῦ,	*toi* étant à l'écart de moi,

κρυπτάδια φρονέοντα δικαζέμεν· οὐδέ τί πώ μοι
πρόφρων τέτληκας εἰπεῖν ἔπος ὅττι νοήσῃς. »

Τὴν δ' ἠμείβετ' ἔπειτα πατὴρ ἀνδρῶν τε θεῶν τε·
« Ἥρη, μὴ δὴ πάντας ἐμοὺς ἐπιέλπεο μύθους   545
εἰδήσειν· χαλεποί τοι ἔσοντ', ἀλόχῳ περ ἐούσῃ.
Ἀλλ' ὃν μέν κ' ἐπιεικὲς ἀκουέμεν, οὔτις ἔπειτα
οὔτε θεῶν πρότερος τόνγ' εἴσεται, οὔτ' ἀνθρώπων·
ὃν δέ κ' ἐγὼν ἀπάνευθε θεῶν ἐθέλοιμι νοῆσαι,
μήτι σὺ ταῦτα ἕκαστα διείρεο, μηδὲ μετάλλα. »   550

Τὸν δ' ἠμείβετ' ἔπειτα βοῶπις πότνια Ἥρη·
« Αἰνότατε Κρονίδη, ποῖον τὸν μῦθον ἔειπες.
Καὶ λίην σε πάρος γ' οὔτ' εἴρομαι, οὔτε μεταλλῶ·
ἀλλὰ μάλ' εὔκηλος τὰ φράζεαι ἅσσ' ἐθέλησθα.
Νῦν δ' αἰνῶς δείδοικα κατὰ φρένα μή σε παρείπῃ   555
ἀργυρόπεζα Θέτις, θυγάτηρ ἁλίοιο γέροντος.
Ἠερίη γὰρ σοίγε παρέζετο καὶ λάβε γούνων.
Τῇ σ' ὀΐω κατανεῦσαι ἐτήτυμον, ὡς Ἀχιλῆα

des mesures clandestines ; et jamais tu n'as daigné me confier une
seule de tes résolutions! »

Le père des dieux et des hommes lui répondit : « Junon! n'espère
pas connaître toutes mes pensées : l'entreprendre serait pour toi,
quoique mon épouse, une tâche trop difficile. Toutefois, ce qu'il m'est
permis de découvrir, nul, parmi les dieux ou les hommes, ne l'apprendra avant toi. Quant à ce que je prétends résoudre à l'insu des immortels, ne m'adresse aucune question, et ne cherche pas à le pénétrer. »

La majestueuse Junon, aux regards imposants, répliqua : « Terrible
fils de Saturne, quel est ce langage ? Jusqu'à ce jour, je n'ai ni interrogé, ni cherché à pénétrer ta pensée ; et c'est dans une profonde
sécurité que tu prends toutes les résolutions qu'il te plaît. Ce qui maintenant me remplit de crainte, c'est que tu ne te sois laissé séduire par
Thétis aux pieds d'argent, fille du vieillard de la mer. Car dès l'aurore
elle s'est présentée devant toi, et a embrassé tes genoux. Je soupçonne
que tu lui as promis, par le signe de ta tête, de combler d'honneurs son

δικαζέμεν φρονέοντα

κρυπτάδια ·

οὐδέ τί πω τέτληκας

πρόφρων μοι

εἰπεῖν ἔπος ὅττι νοήσῃς. »

  Πατὴρ δὲ ἀνδρῶν τε θεῶν τε

ἠμείβετο ἔπειτα τήν·

« Ἥρη, μὴ δὴ ἐπιέλπεο

εἰδήσειν πάντας ἐμοὺς μύθους ·

ἔσονται χαλεποί τοι,

ἐούσῃ περ ἀλόχῳ.

Ἀλλὰ ὃν μέν κε ἐπιεικὲς

ἀκουέμεν, οὔτις ἔπειτα

οὔτε θεῶν, οὔτε ἀνθρώπων

εἴσεται τόνγε πρότερος ·

ὃν δὲ ἐγώ κε ἐθέλοιμι

νοῆσαι ἀπάνευθε θεῶν,

σὺ μὴ διείρεό τι ,

μηδὲ μετάλλα

ταῦτα ἔκαστα. »

  Πότνια δὲ Ἥρη

βοῶπις

ἠμείβετο ἔπειτα τόν ·

« Κρονίδη αἰνότατε,

ποῖον τὸν μῦθον ἔειπες.

Καί γε οὔτε εἴρομαί σε λίην,

οὔτε μεταλλῶ πάρος·

ἀλλὰ μάλα εὔκηλος

φράζεαι τὰ ἄσσα ἐθέλησθα.

Νῦν δὲ δέδοικα

αἰνῶς κατὰ φρένα

μὴ Θέτις ἀργυρόπεζα,

θυγάτηρ γέροντος ἁλίοιο ,

παρείπῃ σε.

Ἠερίη γὰρ

παρέζετο σοίγε

καὶ λάβε γούνων·

Ὀΐω σὲ κατανεῦσαι

ἐτήτυμον τῇ ,

ὡς τιμήσῃς Ἀχιλῆα,

décider méditant

des choses-clandestines ;

et pas encore tu n'as eu-la-force,

étant bienveillant pour moi,

de dire une parole que tu aies pensée.»

  Et le père des hommes et des dieux

répondit ensuite à elle :

« Junon, n'espère certes pas

devoir connaître tous mes desseins ;

ils seront difficiles pour toi,

quoique étant *mon* épouse.

Mais celui que *il aura été* convenable

d'entendre, personne ensuite,

ni des dieux ni des hommes

ne saura celui-là le premier.

Quant à celui que moi je voudrais

avoir pensé à l'écart des dieux,

toi ne demande en rien

et ne recherche pas

chacune de ces choses. »

  Or la vénérable Junon

aux-yeux-de-bœuf,

répondit ensuite à lui :

« Fils-de-Saturne très-redoutable,

quelle parole as-tu dite !

Certes je n'interroge pas toi trop,

et je ne recherche pas auparavant.

Mais beaucoup tranquille,

tu délibères les choses que tu veux.

Mais maintenant je crains

terriblement dans *mon* esprit

que Thétis aux-pieds-d'argent,

fille du vieillard marin ,

n'ait séduit toi.

Car *elle* matinale

s'est assise-auprès de toi

et *t*'a pris par les genoux.

Je pense toi avoir fait-signe

certainement à celle-ci,

que tu honorerais Achille,

τιμήσῃς, ὀλέσῃς δὲ πολέας ἐπὶ νηυσὶν Ἀχαιῶν. »

Τὴν δ' ἀπαμειβόμενος προςέφη νεφεληγερέτα Ζεύς·   560
« Δαιμονίη, αἰεὶ μὲν ὀίεαι, οὐδέ σε λήθω·
πρῆξαι δ' ἔμπης οὔτι δυνήσεαι, ἀλλ' ἀπὸ θυμοῦ
μᾶλλον ἐμοὶ ἔσεαι· τὸ δέ τοι καὶ ῥίγιον ἔσται.
Εἰ δ' οὕτω τοῦτ' ἐστὶν, ἐμοὶ μέλλει φίλον εἶναι.
Ἀλλ' ἀκέουσα κάθησο, ἐμῷ δ' ἐπιπείθεο μύθῳ·   565
μή νύ τοι οὐ χραίσμωσιν ὅσοι θεοί εἰσ' ἐν Ὀλύμπῳ,
ἆσσον ἰόνθ' ¹, ὅτε κέν τοι ἀάπτους χεῖρας ἐφείω. »
Ὣς ἔφατ'· ἔδδεισεν δὲ βοῶπις πότνια Ἥρη·
καί ῥ' ἀκέουσα καθῆστο, ἐπιγνάμψασα φίλον κῆρ·
ὤχθησαν δ' ἀνὰ δῶμα Διὸς θεοὶ Οὐρανίωνες.   570
Τοῖσιν δ' Ἥφαιστος κλυτοτέχνης ἦρχ' ἀγορεύειν,
μητρὶ φίλῃ ἐπίηρα φέρων, λευκωλένῳ Ἥρῃ·
« Ἦ δὴ λοίγια ἔργα τάδ' ἔσσεται, οὐδ' ἔτ' ἀνεκτά,
εἰ δὴ σφὼ ἕνεκα θνητῶν ἐριδαίνετον ὧδε,
ἐν δὲ θεοῖσι κολῳὸν ἐλαύνετον· οὐδέ τι δαιτὸς   575

Achille, et de faire tomber des milliers de Grecs auprès de leurs vaisseaux. »

Jupiter, dieu des nuages, s'écria : « Malheureuse! toujours tu te livres aux soupçons; et partout tes regards m'épient! Mais tu ne parviendras qu'à augmenter l'aversion de ton époux, et ta douleur en sera plus amère! Si le dessein que tu me supposes existe, je prendrai plaisir à l'achever. Cependant garde sur ton siége un silence profond, et obéis à mes ordres, de peur que les dieux, quelque nombreux qu'ils soient dans l'Olympe, ne puissent pas te secourir, quand je viendrai te saisir de mon bras invincible. »

Il dit; l'auguste Junon, saisie de terreur, s'assied silencieuse, et fléchit son orgueil. Les dieux célestes gémissent dans le palais de Jupiter; mais l'industrieux Vulcain, adressant à la belle Junon, sa mère chérie, de douces paroles, commença en ces mots :

« Certes, nous allons voir naître des maux funestes, intolérables, si tous les deux, pour l'amour des mortels, vous vous livrez aux dissensions, si parmi les dieux vous suscitez des querelles! C'en est fait de

ὀλέσῃς δὲ πολέας   et *que* tu perdrais beaucoup d'*hommes*
ἐπὶ νηυσὶν Ἀχαιῶν. »   auprès des vaisseaux des Achéens. »
  Ζεὺς δὲ νεφεληγερέτα   Or Jupiter qui-assemble-les-nuages,
ἀπαμειβόμενος προςέφη τήν · répondant, dit à elle :
« Δαιμονίη,   « Malheureuse,
αἰεὶ μὲν ὀΐεαι,   toujours à la vérité tu soupçonnes
οὐδὲ λήθω σέ ·   et je ne suis pas caché à toi.
οὐ δὲ δυνήσεαι ἔμπης   Or tu ne pourras pas tout-à-fait
πρῆξαί τι,   avoir fait quelque-chose,
ἀλλὰ ἔσεαι μᾶλλον   au contraire tu seras plus
ἐμοὶ ἀπὸ θυμοῦ ·   pour moi loin du cœur ;
τὸ δὲ ἔσται τοι καὶ ῥίγιον. et cela sera pour toi encore plus amer.
Εἰ δὲ τοῦτο ἐστὶν οὕτω,   Mais si cela est ainsi,
μέλλει εἶναι φίλον ἐμοί.   il doit être cher à moi.
Ἀλλὰ κάθησο ἀκέουσα,   Mais assieds-toi silencieuse,
ἐπιπείθεο δὲ ἐμῷ μύθῳ ·   et obéis à ma parole,
μή νυ οὐ χραίσμωσί τοι   de peur que ils ne servent pas à toi
ὅσοι εἰσὶ θεοὶ   tout-autant-qu'il y a de dieux
ἐν Ὀλύμπῳ,   dans l'Olympe,
ἰόντε ἄσσον,   venant plus près de *toi*,
ὅτε κεν ἐφείω τοι   quand j'aurai jeté-sur toi
χεῖρας ἀάπτους. »   *mes* mains invincibles. »
  Ἔφατο ὥς·   Il parla ainsi ;
πότνια δὲ Ἥρη   et la respectable Junon
βοῶπις ἔδδεισε·   aux-yeux-de-bœuf craignit ;
καί ρα καθῆστο ἀκέουσα,   et donc elle s'assit silencieuse,
ἐπιγνάμψασα φίλον κῆρ.   ayant courbé son cœur.
Θεοὶ δὲ Οὐρανίωνες   Or, les dieux, habitants du Ciel,
ὤχθησαν ἀνὰ δῶμα Διός.   gémirent dans le palais de Jupiter.
Ἥφαιστος δὲ, κλυτοτέχνης, Mais Vulcain, illustre-ouvrier,
ἦρχεν ἀγορεύειν τοῖσι,   commença à haranguer eux,
φέρων ἐπίηρα   apportant des choses aimables
μητρὶ φίλῃ,   à *sa* mère chérie,
Ἥρῃ λευκωλένῳ ·   à Junon aux-bras-blancs.
  « Ἦ δὴ τάδε ἔργα ἔσσεται λοίγια,   « Certes ces actions seront tristes
οὐδὲ ἔτι ἀνεχτα,   et non plus supportables,
εἰ δὴ ἕνεκα θνητῶν   si en vérité à cause des mortels
ἐριδαίνετον ὧδε σφὼ,   vous vous disputez ainsi vous-deux,
ἐλαύνετον δὲ κολῳὸν   et *si* vous excitez le tumulte
ἐν θεοῖσι; τὶ δὲ ἦδος   parmi les dieux ; et quelque plaisir

ἐσθλῆς ἔσσεται ἦδος, ἐπεὶ τὰ χερείονα νικᾷ.
Μητρὶ δ' ἐγὼ παράφημι, καὶ αὐτῇ περ νοεούσῃ,
πατρὶ φίλῳ ἐπίηρα·φέρειν Διῒ, ὄφρα μὴ αὖτε
νεικείῃσι πατήρ, σὺν δ' ἡμῖν δαῖτα ταράξῃ.
Εἴπερ γάρ κ' ἐθέλῃσιν Ὀλύμπιος ἀστεροπητὴς   580
ἐξ ἑδέων στυφελίξαι· ὃ γὰρ πολὺ φέρτατός ἐστιν.
Ἀλλὰ σὺ τόνγ' ἐπέεσσι καθάπτεσθαι μαλακοῖσιν·
αὐτίκ' ἔπειθ' ἵλαος Ὀλύμπιος ἔσσεται ἡμῖν. »

Ὣς ἄρ' ἔφη· καὶ ἀναΐξας, δέπας ἀμφικύπελλον
μητρὶ φίλῃ ἐν χερσὶ τίθει, καί μιν προςέειπε·   585
« Τέτλαθι, μῆτερ ἐμὴ, καὶ ἀνάσχεο, κηδομένη περ,
μή σε, φίλην περ ἐοῦσαν, ἐν ὀφθαλμοῖσιν ἴδωμαι
θεινομένην· τότε δ' οὔτι δυνήσομαι, ἀχνύμενός περ,
χραισμεῖν· ἀργαλέος γὰρ Ὀλύμπιος ἀντιφέρεσθαι.
Ἤδη γάρ με καὶ ἄλλοτ', ἀλεξέμεναι μεμαῶτα,   590
ῥῖψε, ποδὸς τεταγὼν ἀπὸ βηλοῦ θεσπεσίοιο·
πᾶν δ' ἦμαρ φερόμην, ἅμα δ' ἠελίῳ καταδύντι
κάππεσον ἐν Λήμνῳ· ὀλίγος δ' ἔτι θυμὸς ἐνῆεν·
ἔνθα με Σίντιες¹ἄνδρες ἄφαρ κομίσαντο πεσόντα. »

la joie des festins, quand la discorde triomphe. De quelque prudence
que soit douée ma mère, je lui conseille d'user de complaisance pour
Jupiter, notre père chéri, de peur que se livrant une seconde fois à
son courroux, il ne trouble nos banquets. Si ce dieu qui lance les
éclairs voulait nous précipiter de nos demeures... Nul ne l'égale en
puissance. Calme-le maintenant par un caressant langage; et, à l'instant même il nous sera propice. »

Il dit, s'élance vers sa mère chérie, lui présente une large coupe, et
continue :

« Supporte, ma mère, ta tristesse avec résignation, si affligée
que tu sois. Que mes yeux, ô toi que j'aime, ne te voient plus expo-
sée aux coups de Jupiter! Malgré la douleur que j'éprouverais, je ne
pourrais alors te prêter mon assistance : car il est difficile de lutter
contre le roi de l'Olympe. Déjà, dans une circonstance semblable,
comme je voulais te secourir, il me lança, après m'avoir saisi par le
pied, hors de la demeure des dieux. Je roulai un jour entier, et, au
coucher du soleil, je tombai dans Lemnos. Je conservais un faible reste
de vie : les Sintiens me recueillirent au moment de ma chute. »

ζαιτὸς ἐσθλῆς οὐκ ἔσσεται,
ἐπεὶ τὰ χερείονα νικᾷ.
Ἐγὼ δὲ παράφημι μητρὶ,
καίπερ αὐτῇ νοεούσῃ,
φέρειν ἐπίηρα
Διὶ πατρὶ φίλῳ,
ὄφρα αὖτε πατὴρ
μὴ νεικείῃσι,
συνταράξῃ δὲ ἡμῖν δαῖτα.
Εἴπερ γὰρ Ὀλύμπιος
ἀστεροπητής
κεν ἐθέλῃσι στυφελίξαι
ἐξ ἑδέων· ὁ γὰρ ἐστὶ
πολὺ φέρτατος.
Ἀλλὰ σὺ καθάπτεσθαι τόνγε
ἐπέεσσι μαλακοῖσιν·
αὐτίκα ἔπειτα Ὀλύμπιος
ἔσσεται ἵλαος ἡμῖν. »
Ἔφη ἄρα ὥς· καὶ ἀναΐξας,
τίθει ἐν χερσὶ μητρὶ φίλῃ
δέπας ἀμφικύπελλον,
καὶ προςέειπέ μιν·
« Τέτλαθι, ἐμὴ μῆτερ,
καὶ ἀνάσχεο, κηδομένη περ,
μὴ ἴδωμαι ἐν ὀφθαλμοῖσι
σὲ θεινομένην, ἐοῦσάν περ φίλην·
τότε δὲ, ἀχνύμενός περ,
οὐ δυνήσομαι χραισμεῖν τι·
Ὀλύμπιος γὰρ
ἀργαλέος ἀντιφέρεσθαι.
Ἤδη γὰρ καὶ ἄλλοτε
τεταγὼν ποδὸς
ῥῖψεν ἀπὸ βηλοῦ θεσπεσίοιο
με μεμαῶτα ἀλεξέμεναι·
φερόμην δὲ πᾶν ἦμαρ,
κατέπεσον δὲ ἐν Λήμνῳ,
ἅμα ἠελίῳ καταδύντι·
ὀλίγος δὲ θυμὸς ἐνῆεν ἔτι·
ἔνθα ἄφαρ ἄνδρες Σίντιες
κόμισαντό με πεσόντα. »

du festin bon ne sera pas ,
puisque les choses pires l'emportent.
Et moi je conseille à ma mère ,
quoique elle-même étant-sensée,
de porter des choses aimables
à Jupiter père chéri,
afin que de nouveau *ce* père
ne cherche-pas-querelle,
et ne trouble pas à nous le festin.
Car si le dieu-de-l'Olympe ,
qui-lance-les-éclairs ,
voulait *nous* précipiter
de *nos* siéges.... Car lui est
de beaucoup le plus puissant.
Mais toi fléchis celui-ci
par des paroles douces ;
aussitôt ensuite le dieu-de-l'Olympe
sera propice à nous. »
Il parla donc ainsi; et s'étant élancé,
il plaça dans les mains à *sa* mère chérie
une coupe à-pied-évasé,
et s'adressa à elle :
« Supporte , ma mère ,
et prends-patience, quoique attristée,
de peur que je ne voie à *mes* yeux
toi frappée, quoique étant chérie ;
et alors, quoique irrité,
je ne pourrai être-utile en rien ;
car le dieu-de-l'Olympe
est difficile à résister.
Car déjà aussi une-autre-fois
m'ayant saisi par un pied ,
il a lancé du seuil divin
moi désirant porter-secours.
Or je fus porté tout le jour ,
et je tombai dans Lemnos
ensemble avec le soleil couchant ;
or un petit souffle-de-vie était encore;
là aussitôt les hommes Sintiens
reçurent moi étant tombé. »

Ὣς φάτο· μείδησεν δὲ θεὰ λευκώλενος Ἥρη·   595
μειδήσασα δὲ παιδὸς ἐδέξατο χειρὶ κύπελλον.
Αὐτὰρ ὁ τοῖς ἄλλοισι θεοῖς ἐνδέξια πᾶσιν
ᾠνοχόει, γλυκὺ νέκταρ ἀπὸ κρητῆρος ἀφύσσων.
Ἄσβεστος δ’ ἄρ’ ἐνῶρτο γέλως μακάρεσσι θεοῖσιν,
ὡς ἴδον Ἥφαιστον διὰ δώματα ποιπνύοντα.   600
    Ὣς τότε μὲν πρόπαν ἦμαρ ἐς ἠέλιον καταδύντα
δαίνυντ’, οὐδέ τι θυμὸς ἐδεύετο δαιτὸς ἐΐσης,
οὐ μὲν φόρμιγγος περικαλλέος, ἣν ἔχ’ Ἀπόλλων,
Μουσάων θ’, αἳ ἄειδον ἀμειβόμεναι ὀπὶ καλῇ.
    Αὐτὰρ ἐπεὶ κατέδυ λαμπρὸν φάος ἠελίοιο,   605
οἱ μὲν κακκείοντες ἔβαν οἰκόνδε ἕκαστος,
ἧχι ἑκάστῳ δῶμα περικλυτὸς Ἀμφιγυήεις,
Ἥφαιστος, ποίησεν ἰδυίῃσι πραπίδεσσι.
Ζεὺς δὲ πρὸς ὃν λέχος ἤϊ’ Ὀλύμπιος ἀστεροπητής,
ἔνθα πάρος κοιμᾶθ’ ὅτε μιν γλυκὺς ὕπνος ἱκάνοι·   610
ἔνθα καθεῦδ’ ἀναβάς· παρὰ δὲ, χρυσόθρονος Ἥρη.

Ce discours fit sourire Junon, aux bras aussi blancs que la neige ; et
elle sourit encore en recevant la coupe de la main de son fils. Celui-ci
versa à tous les autres dieux, en commençant par la droite, un doux
nectar qu'il puisait à une urne profonde; et un rire inextinguible s'éleva
parmi les heureux habitants de l'Olympe, à la vue de Vulcain s'agi-
tant au milieu des célestes palais.

C'est ainsi que pendant tout le jour jusqu'au coucher du soleil, ils
prolongèrent un festin auquel ne manquaient ni l'abondance des mets
également partagés, ni les sons de la lyre divine qu'Apollon tenait à
la main, ni les accents des Muses, qui tour à tour faisaient retentir
leurs voix harmonieuses.

Mais dès qu'eut disparu l'éclatant flambeau du soleil, les dieux
allèrent chercher le repos dans les palais qu'à chacun d'eux a bâtis avec
un art admirable le boiteux Vulcain, illustre par son industrie. Le
puissant Jupiter lui-même se rendit à la couche où il repose, quand
le doux sommeil s'empare de lui ; il y monta et s'endormit ; auprès de
lui se plaça Junon, la déesse au trône d'or.

Φάτο ὣς · Ἥρη δὲ	Il parla ainsi ; et Junon
θεὰ λευκώλενος μείδησε ·	déesse aux-bras-blancs, sourit ;
μειδήσασα δὲ χειρὶ	et ayant souri, de sa main
ἐδέξατο παιδὸς κύπελλον.	elle reçut de son fils la coupe.
Αὐτὰρ ὁ ἐνδέξια	Puis lui , commençant-à-droite,
ᾠνοχόει πᾶσι τοῖς ἄλλοισι θεοῖσιν,	versait du vin à tous les autres dieux,
ἀφύσσων ἀπὸ κρητῆρος	puisant dans un cratère
νέκταρ γλυκύ.	le nectar doux.
Ἄρα δὲ γέλως ἄσϐεστος	Alors donc un rire inextinguible
ἐνῶρτο θεοῖσι μακάρεσσιν ,	s'éleva parmi les dieux bienheureux,
ὡς ἴδον Ἥφαιστον	lorsqu'ils virent Vulcain
ποιπνύοντα διὰ δώματα.	s'agitant-pour-servir dans le palais.
Ὣς τότε μὲν πρόπαν ἦμαρ	Ainsi alors à la vérité tout le jour
ἐς ἠέλιον καταδύντα	jusqu'au soleil couchant
δαίνυντο, θυμὸς δὲ	ils firent-festin, et le désir
οὐκ ἐδεύετό τι	ne manqua en rien
δαιτὸς ἐΐσης ,	d'une nourriture égale ,
οὐ μὲν φόρμιγγος περικαλλέος ,	ni à la vérité de la lyre magnifique ,
ἣν ἔχεν Ἀπόλλων,	que tenait Apollon ,
Μουσάων τε, αἳ ἀμειϐόμεναι	ni des Muses, qui en alternant
ἄειδον ὀπὶ καλῇ.	chantaient d'une voix belle.
Αὐτὰρ ἐπεὶ κατέδυ	Mais lorsque disparut
φάος λαμπρὸν ἠελίοιο ,	la lumière brillante du soleil ,
οἱ μὲν ἔϐαν	ceux-ci à la vérité partirent,
κακκείοντες	allant-se-coucher ,
ἕκαστος οἴκόνδε ,	chacun dans sa maison ,
ἧχι περικλυτὸς Ἀμφιγυήεις	où l'illustre boiteux-des-deux-jambes,
Ἥφαιστος ποίησεν	Vulcain, avait fait
ἑκάστῳ δῶμα	à chacun une demeure
πραπίδεσσιν ἰδυίῃσι.	avec des esprits savants.
Ζεὺς δὲ Ὀλύμπιος	De son côté, Jupiter, dieu-de-l'Olympe,
ἀστεροπητὴς ᾔε πρὸς ὃν λέχος ,	qui-lance-les-éclairs, alla vers son lit,
ἔνθα κοιμᾶτο πάρος ,	où il reposait auparavant ,
ὅτε γλυκὺς ὕπνος ἱκάνοι μιν ·	lorsque le doux sommeil venait à lui ;
ἔνθα ἀναϐὰς καθεῦδε ·	où étant monté il s'endormit ;
παρὰ δὲ, Ἥρη χρυσόθρονος.	et auprès de lui Junon au-trône-d'or.

NOTES

SUR LE PREMIER CHANT DE L'ILIADE.

Page 4.— 1. Πηληϊάδεω; prononcez la terminaison εω, en une seule syllabe.— Achille, fils de Pélée et de Thétis, et petit-fils d'Éaque, régnait sur la Phthiotide, contrée méridionale de la Thessalie, dont Phthie et Larisse étaient les villes principales. Voy. les notes sur les vers 180 et 495.

— 2. Ἀχαιοῖς. Une armée d'*Achéens*, partie de la Thessalie, d'où ce peuple était originaire, avait aidé Pélops à s'établir dans l'Argolide, et s'y était établie avec lui. Cette émigration fut suivie de plusieurs autres, et à l'époque de la guerre de Troie, les Achéens formaient la race dominante dans l'Argolide et dans la Laconie, et c'était sur eux que s'appuyait la puissance des Pélopides, dont Agamemnon était le chef. On conçoit dès lors pourquoi Homère se sert le plus souvent des mots Ἀχαιοί et Ἀχαῒς γαίη, pour désigner les Grecs et la Grèce en général; c'est que les Achéens étaient le peuple le plus puissant, et l'*Achaïe* (l'*Argolide* et la *Laconie* portaient alors ce nom) la contrée la plus importante de la Grèce. Ce fut seulement 80 ans après la guerre de Troie, que les Achéens furent, avec les Pélopides, chassés de cette contrée par les Doriens et les Héraclides. Ils se retirèrent alors dans la partie septentrionale du Péloponèse, à laquelle leur nom resta dans la suite.

— 3. Προϊάπτειν, *pousser en avant, précipiter*, et non *précipiter avant le temps*. Virgile a dit dans le même sens (*Æn.* IX, 527): *Quem quisque virum demiserit Orco.*

— 4. Ἀτρείδης, *Atride*, nom patronymique d'Agamemnon et de Ménélas, fils de *Plisthènes* et petit-fils d'*Atrée*. Agamemnon avait sous ses ordres immédiats, au siége de Troie, les troupes de Mycènes, sa capitale, de Corinthe, de Cléones, d'Aréthyrée, de Sicyone, de Pellène, d'Ægium, d'Hélicé, de toute l'Ægialée, et de sept villes situées dans les environs de Pylos. Argos, Tirynthe, Trézène, Épidaure, Hermione, Asiné et Ægine, obéissaient à Diomède, Sthélénus et Mécistée. Agamemnon n'était donc ni *roi d'Argos*, ni *roi de l'Argolide*; il n'était que le chef le plus puissant de cette contrée. Ménélas régnait à Sparte, et il avait sous ses ordres les troupes de toute la Laconie.

— 5. Χρύσης. *Chrysès* était prêtre d'Apollon à *Chryse*, petite ville située au fond du golfe d'Adramytte, à l'embouchure du Cilleus, et non loin de *Thèbe*, dont elle était en quelque sorte le port (Voyez Strabon, XIII, 1, tome III, p. 130 de l'éd. Tauchn.). Il ne faut pas confondre cette ville avec une île voisine de Lemnos, où Philoctète fut piqué par une vipère, en cherchant l'autel de la déesse *Chrysa*. Voy. Hermann, *Préface de la 2e éd. du Philoctète*, p. xx et suiv.

Page 6. — 1. Ἀνὰ σκήπτρῳ, *avec le sceptre*, ou bien *au bout du sceptre*.

— 2. Λῦσαι, δέχεσθαι, infinitifs employés dans le sens de l'impératif; tournure fréquente chez Homère.

— 3. Ἐν Ἄργεῖ, *en Argolide*, et non *à Argos*. Nous avons vu que cette ville appartenait à Diomède ; c'était à Mycènes que régnait Agamemnon. Le nom d'Argos est souvent mis chez Homère, pour l'Argolide. Il ne faut pas croire cependant que Racine l'ait pris dans ce sens, lorsqu'il a dit, dans l'*Iphigénie*, act. 1, sc. 1 :

> J'écrivis *en Argos*, pour hâter son voyage.

On disait de même au dix-septième siècle, *en Alger, en Aulis*, pour *à Alger, à Aulis*, etc.

Page 8. — 1. Ἀργυρότοξε. André Chénier a imité ainsi ces vers :

> Dieu, dont l'arc est d'argent, dieu de Claros, écoute,
> O Sminthée-Apollon.....

— 2. Ἀμφιβέβηκας, parfait employé dans le sens du présent.

— 3. Κίλλαν. *Cilla*, petite ville voisine de *Thèbe* et de *Chryse*, et où s'élevait un temple d'*Apollon-Cilléen*. Voy. Strab. XII, 1 ; t. III, p. 129, éd. Tauchn.

— 4. Τενέδοιο. *Ténédos*, petite île située en face du rivage troyen.

— 5. Σμινθεῦ, *Sminthée*. Apollon était adoré sous ce nom à Ténédos, et sur toutes les côtes de la Troade et du golfe d'Adramytte. C'était à *Apollon-Sminthée* qu'était consacré le temple desservi par Chrysès (Voy. Strab. XIII, 1; tom. III, p. 130). Il y avait dans la Troade une ville de Sminthe (Stéph. Byz. s. v. Σμίνθη); mais les Grecs donnaient à ce surnom d'Apollon une autre étymologie : Σμίνθιοι, dit Strabon, signifie *rats* ; les descendants de Teucer, en quittant la Crète pour aller s'établir sur le continent, avaient reçu de l'oracle l'ordre de s'arrêter où les habitants viendraient les recevoir.

Une nuit les rats vinrent leur rendre visite et ronger leurs ceinturons et leurs boucliers de cuir. Ils virent dans cet événement l'accomplissement de l'oracle, et, se fixant dans ce lieu, ils élevèrent un temple à *Sminthée*, nom qu'ils donnèrent au dieu qui avaient si bien guidé leurs pas.

— 6. Ἐπὶ-ἔρεψα, de ἐρέφω, *couronner de guirlandes* ou *bâtir*.

— 7. Μηρία. Voyez la description d'un sacrifice, v. 447 et suiv.

— 8. Τίσειαν Δαναοί. C'est par allusion à ce vers qu'Horace a dit :

> Quidquid delirant reges plectuntur Achivi.

Epist. 1, 2, 14.

Voltaire a exprimé la même idée en parlant des favoris de Henri III :

> Et le peuple lassé, poussant de vains soupirs,
> Gémissait de leur luxe et payait leurs plaisirs.

Henriade, ch. III.

— 9. Μετὰ δ' ἰὸν ἔηκεν. Les anciens attribuaient à Apollon et à Diane, les morts subites, les maladies, la peste. C'est par suite de cette croyance qu'Horace a dit, *Od.* II, 10, 19 :

> . . . . . Neque semper arcum
> Tendit Apollo.

Page 12.— 1. Ἡγήσατ', *avait servi de guide*. C'était un office important dans ces temps de profonde ignorance ; car il arrivait souvent que, faute de guide suffisamment instruit, les hordes demi-sauvages allaient ravager tout autre pays que celui qu'elles avaient en vue. Ainsi l'armée grecque avait d'abord débarqué en Mysie, prenant ce pays pour la Troade, et les dévastations avaient déjà commencé, quand les envahisseurs s'aperçurent de leur erreur. On revint alors à Aulis ; Agamemnon alla lui-même chercher Calchas à Mégare, et ce fut au printemps suivant, que ce devin guida la flotte des Grecs.

Page 14.— 1. Κῆρας, d'autres lisent χεῖρας, *des mains*.

— 2. Ἑλικώπιδα, *aux yeux noirs*, ou *aux yeux vifs* (ἑλίσσω, *rouler, agiter*, ὤψ, *œil*).

—3. Εὐρυκρείων. Hor. *Od.* III, 17, 9 : *Late tyrannus* ; Virg. *Æn.* I, 25 : *Hinc populum late regem... venturum.*

— 4. Λαμπετόωντι ἐίκτην. « Le feu de la colère, dit Rollin (*Traité des études*, de la lecture d'Homère, ch. I, art. 2), étincelle dans les vers d'Homère, aussi bien que dans les yeux d'Agamemnon dont il décrit l'emportement. » Horace a imité le vers 103 :

> Fervens difficili bile tumet jecur.   *Od.* I, 13, 4.

Et Virgile (*Æn.* XII, 101) le vers 104 :

> Totoque ardentis ab ore
> Scintillæ absistunt : oculis micat acribus ignis.

Page 16.— 1. Κουριδίης, *jeune mariée, vierge*, peut-être *légitime*. Voy. Dugas-Montbel, *Observations sur l'Iliade*, tom. I, p. 113.

Page 20.— 1. Ἐρύσσομεν εἰς ἅλα. Hor. *Od.* 1, 4, 2 :

> Trahuntque siccas machinæ carinas.

— 2. Ἀναιδείην ἐπιειμένε. Boileau, *Discours au roi*, v. 99 :

> En vain d'un lâche orgueil leur esprit revêtu...

Gilbert a dit avec beaucoup plus d'énergie : *Cuirassé d'impudence*.

— 3. Ὁδός, *chemin, trajet*, quelquefois *embuscade*.

— 4. Οὐ γὰρ ἐγὼ Τρώων... Racine a imité ainsi ce passage, dans son *Iphigénie*, act. IV, sc. 6 :

> Et que m'a fait à moi cette Troie où je cours?..
> Jamais vaisseaux partis des rives du Scamandre
> Aux champs thessaliens osèrent-ils descendre ?
> Et jamais dans Larisse un lâche ravisseur
> Me vint-il enlever ou ma femme ou ma sœur ?
> Qu'ai-je à me plaindre? où sont les pertes que j'ai faites ?
> Je n'y vais que pour vous, barbare que vous êtes.

Page 22.— 1. Θάλασσά τε ἠχήεσσα. Virg. *Æn.* III, 383 :

> Longa procul longis via dividit invia terris.

Ovid. *Trist.* IV, 7, 21 :

> Innumeri montes inter me teque, viæque,
> Fluminaque, et campi, nec freta pauca jacent.

— 2. Φθίηνδε. *Phthie*, capitale de la *Phthiotide*, province de la Thessalie, où régnait Pélée, et où Achille était né.

Page 24.— 1. Φεῦγε μάλα. Racine, *Iphigénie*, act. IV, sc. 6 :

> Fuyez donc ; retournez dans votre Thessalie.
> Moi-même je vous rends le serment qui vous lie.
> Assez d'autres viendront, à mes ordres soumis,
> Se couvrir des lauriers qui vous furent promis.

— 2. Μυρμιδόνεσσι. Les *Myrmidons*, habitants de la Phthiotide, qui avaient suivi Achille à la guerre de Troie, appartenaient, ainsi que

les Achéens de l'Argolide et de la Laconie, à la race pélasgique, alors
dominante en Grèce ; et c'est sans doute pour cela, dit Clavier (*Hist.
des temps primitifs de la Grèce*, t. I, p. 168), qu'Achille était, après
Agamemnon, le principal personnage de l'armée.

— 3. *Briséis* ou *Hippodamie*, fille de Brisès, prêtre de Jupiter,
était tombée en partage à Achille après la prise de Lyrnesse, sa patrie.

Page 26.— 1. Διάνδιχα μερμήριξεν. Virgile (*Æn.* IV, 285) exprime
ainsi la même idée :

> Atque animum nunc huc celerem, nunc dividit illuc,
> In partesque rapit varias, perque omnia versat.

— 2. Οἱ, *à lui*, Achille, ou *à elle*, Minerve.

Page 32.— 1. Γλυκίων ῥέεν αὐδή. « Rien n'est plus coulant ni plus
harmonieux, dit Rollin (*Traité des études*, de la lecture d'Homère,
ch. I, art. 11), que l'endroit où Homère décrit la douce et insinuante
éloquence de Nestor. » Fénelon a ainsi imité ce passage, à la fin du
dixième livre du *Télémaque :* « La douce persuasion coulait de ses
« lèvres comme un ruisseau de miel : sa voix seule se faisait entendre
« à tous les héros ; tous se taisaient dès qu'il ouvrait la bouche. » Cicéron avait dit aussi : *Ex ejus lingua melle dulcior fluebat oratio.*
De Senect. 10, 31.

— 2. Γενεαὶ ἀνθρώπων, *des générations d'hommes*, c'est-à-dire,
non des siècles, comme quelques auteurs l'ont conjecturé, mais des
périodes de trente ans environ. Ainsi Nestor avait un peu plus de
soixante ans à l'époque de la guerre de Troie. Il en vécut quatre-vingt-
dix, suivant Suidas (s. v. γενεά) ; c'était aussi l'opinion d'Horace, qui
a dit (*Od.* II, 9, 13 et 14) :

> At non *ter ævo functus* amabilem
> Ploravit omnes Antilochum senex
> Annos...

— 3. Πύλῳ. Il y avait dans la Grèce plusieurs villes de ce nom ;
celle dont il s'agit ici était en Messénie, sur les confins de l'Élide. Elle
avait été bâtie par Nélée, père de Nestor.

Page 38.— 1. Μενοιτιάδη, Patrocle, fils de Ménèce (Μενοίτιος, *Me-
nœtius*), lequel avait été obligé de se réfugier d'Oponte dans les États
de Pélée, à cause d'un meurtre involontaire commis par son fils.

Page 44.— 1. Θήβην. *Thèbe*, ville de la Cilicie de Troade, sur le
Cilleus, capitale des États d'Éétion, père d'Andromaque. Étienne de
Byzance compte neuf villes du même nom ; les plus célèbres étaient la

ville principale de la Béotie, patrie de Pindare et d'Épaminondas, et la fameuse Thèbes aux cent portes, capitale de la haute Égypte.

Page 52. — 1. Πολέμου δ' ἀποπαύεο. Virg. Æn. IX, 655 : *Cœtera parce, puer, bello.*

— 2. Εὐνάς, les grosses pierres qui servaient d'ancres.

Page 54.— 1. Οὐλοχύτας. On répandait sur la tête des victimes des grains d'orge rôtis, entiers ou grossièrement moulus, et mêlés avec du sel.

Page. 56. — 1. Αὖ ἔρυσαν. On tournait la tête de la victime vers le ciel, lorsque l'on sacrifiait aux dieux du ciel, et vers la terre, quand c'était aux dieux infernaux.

— 2. Μηρούς τ' ἐξέταμον. Les cuisses entières étaient mises à part pour les dieux; on les couvrait d'une double couche de graisse, et par-dessus, on plaçait une tranche de chacun des membres; puis on faisait brûler le tout sur l'autel, en versant du vin sur la flamme. Quand les cuisses étaient consumées, on faisait rôtir les entrailles et le reste de la victime, que l'on partageait entre tous les assistants. « Cette cérémonie est remarquable, dit Rollin; elle terminait le sacrifice offert aux dieux, et était comme une marque de communion entre tous ceux qui étaient présents. Le repas suivait le sacrifice et en faisait partie. » *Traité des études*, de la lecture d'Homère, ch. II, art. 1.

— 3. Le *cratère* était une sorte d'urne où se faisait le mélange du vin avec l'eau, et dans laquelle on puisait avec des espèces de tasses appelées *cyathes*, pour verser ensuite dans les *coupes*.

Page 58. — 1. *Pœan,* hymne en l'honneur d'Apollon.

— 2. Ῥοδοδάκτυλος Ἠώς. La Fontaine a dit, en parlant de l'Aurore:

> D'un vase de vermeil elle épanchait des roses.

Page 60. — 1. Θέτις. La mère d'Achille était fille de Nérée et de Doris; il ne faut pas la confondre avec sa grand'mère *Téthys* (Τηθύς), femme de l'Océan.

Page 62.— 1. Νεφεληγερέτα. La Fontaine a dit de même, en parlant de Jupiter : *l'assembleur de nuages.*

Page 64. — 1. Ὄλυμπον. « Cet endroit, dit Rollin (*Traité des études*, de la lecture d'Homère, ch. I, art. 2), a été imité par les plus grands poëtes :

> Annuit, et totum nutu tremefecit Olympum.
>
> Virg. Æn., IX, 106.

Terrificam capitis concussit terque quaterque
Cæsariem, cum qua terras, mare, sidera movit

Ovid. Metam., I, 179.

Regum verendorum in proprios greges,
Reges in ipsos imperium est Jovis,
Clari giganteo triumpho,
Cuncta supercilio moventis.

Horat. Od., III, 1, 8.

Ces trois poëtes semblent avoir partagé entre eux les trois vers d'Homère, et les trois circonstances qui y sont employées. Virgile s'en est tenu au signe de tête, Ovide à l'agitation des cheveux, et Horace au mouvement des sourcils. » — La Fontaine a dit aussi, dans *Philémon et Baucis :*

Jupiter leur parut avec ses noirs sourcils
Qui font trembler les cieux sur leurs pôles assis

— 2. Ἀργυρόπεζα Θέτις. André Chénier a dit de même :

La nymphe aux pieds d'argent a, le long des ruisseaux,
Égaré tout ensemble et ses pas et ses eaux.

— 3. Ἁλίοιο γέροντος, Nérée.

Page 68. — 1. Ἄσσον ἰόντε, duel dans le sens du pluriel.

Page 70. — Σίντιες. Les *Sintiens* (Thucydide, II, 98, les appelle Σίντοι) étaient un peuple de la Thrace, dont une colonie avait occupé Lemnos (Strabon, VII, p. 511 et XII, p. 826, éd. Tauchn.). Quelques auteurs ont vu dans ce peuple une de ces races indiennes, qui, à une époque antérieure aux temps historiques, quittèrent leur pays pour venir s'établir en Europe, et furent l'origine des nombreuses tribus de Bohémiens ou Zigeunes, qu'on y trouve encore errantes aujourd'hui. Les Grecs, qui voulaient trouver dans leur langue l'étymologie de tous les noms d'hommes ou de peuples, disaient que les habitants de Lemnos avaient été ainsi nommés, ἀπὸ τοῦ σίνεσθαι; mais aucun document historique ne prouve que ce peuple se soit plus livré à la piraterie que les habitants des autres îles de la Grèce. — On sait, du reste, que c'était à Lemnos que la mythologie plaçait les forges de Vulcain.

TABLE ALPHABÉTIQUE

Le dialecte employé par Homère est l'*Ionien* mêlé à un grand nombre
de formes primitives, dont quelques-unes passèrent ensuite dans d'autres dialectes. Le caractère de la forme Ionienne consiste principalement
dans la rencontre fréquente des voyelles, le concours des sons doux et
mouillés, l'absence des contractions et des aspirées, le changement de
brèves en longues ou en diphthongues, l'emploi de η et de ε au lieu
de α, l'omission de l'augment, etc. Le tableau suivant des formes
Ioniennes et poétiques contenues dans le premier chant de l'Iliade et
mises en regard de la forme commune, ne sera pas inutile pour fami-
liariser les élèves avec ce dialecte.

———

A.

Ἀγόρευε — ἠγόρευε
ἀγορήν — ἀγοράν
ἀγορήνδε — ἀγοράνδε
ἀγορήσατο — ἠγορήσατο
ἄειδε — ᾆδε
ἄειδον — ᾖδον
ἀείδοντες — ᾄδοντες
ἀεικέα — ἀεικῆ
ἀέκοντος — ἄκοντος
ἀθανάτοιο — ἀθανάτου
ἀθέριζον — ἠθέριζον
αἰ — εἰ
αἰγιόχοιο — αἰγιόχου
Ἄϊδι — ᾄδῃ
αἰεί — ἀεί
Αἰθιοπῆας — Αἰθιοπεῖς
ἀκουέμεν — ἀκούειν

ἄλγεα — ἄλγη
ἀλεξέμεναι — ἀλέξειν
ἀλίοιο — ἀλίου
ἄλλοισι — ἄλλοις
ἄμμε — ἡμᾶς
ἀμφηρεφέα — ἀμφηρεφῆ
ἀναβήσομεν — ἀναβήσωμεν
ἀνάγοντο — ἀνήγοντο
ἀναθηλήσει — ἀναθαλλήσει
ἀναιδείην — ἀναίδειαν
ἄνασσε — ἤνασσε
ἀναστήσειε — ἀναστῆσαι
ἀνδροφόνοιο — ἀνδροφόνου
ἀνόρουσε — ἀνώρουσε
ἀνστήτην — ἀναστήτην
ἀντιβίην — ἀντιβίαν
ἀντιόωσαν — ἀντιῶσαν
ἄπιης — ἀπίας
ἀποαιρεῖσθαι — ἀφαιρεῖσθαι
ἀποαίρεο — ἀφαιροῦ

4.

ἀπόλλεσαν — ἀπώλεσαν
ἀποπαύεο — ἀποπαύου
Ἄργεϊ — Ἄργει
Ἀργείοισι — Ἀργείοις
ἀργυρέη — ἀργυρῇ
ἀργυρέοιο — ἀργυροῦ
ἀριστήεσσι — ἀριστεῦσι
Ἀτρείδαο — Ἀτρείδου
ἀτρυγέτοιο — ἀτρυγέτου
αὐτοῖσι — αὐτοῖς
Ἀχιλῆος — Ἀχιλλέως.

B.

Βαῖνον — ἔβαινον
βάλε — ἔβαλε
βάλλε — ἔβαλλε
βάλλεο — βάλλου
βασιλῆα — βασιλέα
βασιλῆϊ — βασιλεῖ
βασιλήων — βασιλέων
βεβήκει — ἐβεβήκει
βέλεσσι — βέλεσι
βένθεσσι — βένθεσι
βῆ — ἔβη
βῆσαν — ἔβησαν
βῆσε — ἔβησε
βίη — βία
βιοῖο — βιοῦ
βουλέων — βουλῶν.

Γ.

Γαῖαν — γῆν
γαίη — γῆ
γαίης — γῆς
γείνατο — ἐγείνατο
γένετ' — ἐγένετο
γήθησε — ἐγήθησε
γνώωσι — γνῶσι
γούνων — γονάτων.

Δ.

Δαιμονίη — δαιμονία
δαίνυντο — ἐδαίνυντο
Δαναοῖσι — Δαναοῖς
δάσσαντο — ἐδάσαντο
δεξιτερῇ — δεξιὰ
δεπάεσσι — δέπασι

δερκομένοιο — δερκομένου
δευόμενον — δεόμενον
δέχθαι — δεδέχθαι
διείρεο — διέρου
διέτμαγεν (éol.)—διετμάγησαν
δικαζέμεν — δικάζειν
Διοτρεφέων — Διοτρεφῶν
δοῖεν — δοίησαν
δόμεναι (dor.) — δοῦναι
δόσαν — ἔδοσαν
δυνήσεαι — δυνήσῃ
δώῃσι — δῷ
δῶκε — ἔδωκε
δῶσι — δῷ
δώωσι — δῶσι.

E.

Ἑ — αὐτὸν
ἔβαν — ἔβησαν
ἐγὼν (éol.) — ἐγὼ
ἐδέων — ἐδῶν
ἔδδεισε — ἔδεισε
ἔειπες — εἶπες
ἔηκε — ἦκε
ἐθέλησθα — ἐθέλῃς
ἐθέλῃσι — ἐθέλῃ
ἔθελον — ἤθελον
ἔθεν — οὗ
εἴδομεν — εἰδῶμεν
εἰδυίη — εἰδυία
ἐείκοσι — εἴκοσι
εἴκτην — ἐοικείτην
εἰλήλουθας — ἐλήλυθας
εἵνεκα — ἕνεκα
εἴρομαι — ἔρομαι
εἰρύαται — εἰρύανται
εἰρύσσασθαι — ἐρύσασθαι
εἴσας — ἴσας
εἴσω — ἔσω
ἑκατηβελέταο — ἑκατηβελέτου
Ἑκάτοιο — Ἑκάτου
ἐλάφοιο — ἐλάφου
ἐλθέμεναι — ἐλθεῖν
ἐμέθεν — ἐμοῦ
ἐμεῦ — ἐμοῦ
ἐνὶ — ἐν
ἑοῖσι — οἷς
ἐόντα — ὄντα
ἐόντες — ὄντες
ἐοῦσαν — οὖσαν

ἐούσῃ — οὔσῃ
ἔπεα — ἔπη
ἐπειὴ — ἐπεὶ
ἐπὴν — ἐπεὶ ἂν
ἔπι — ἔπεστι
ἐπιειμένε — ἐφειμένε
ἐπιπείθεο — ἐπιπείθου
ἐρέθῃσι — ἐρεθίζῃ
ἐρείομεν — ἔρωμεν
ἐρέοντο — ἠροῦν τὸ
ἐρητύσειε — ἐρητύσαι
ἐρυσσάμενος — ἐρυσάμενος
ἔσαν — ἦσαν
ἐσπόμεθα — ἑπόμεθα
ἔσσεται — ἔσται
ἐσσὶ — εἶ
ἐσσόμεθα — ἐσόμεθα
ἐσσόμενα — ἐσόμενα
ἔσταν — ἔστησαν
ἐτελείετο — ἐτελεῖτο
ἐτέλεσσαν — ἐτέλεσαν
ἐϋζώνοιο — εὐζώνου
ἐϋκνήμιδες — εὐκνήμιδες
εὐξαμένοιο — εὐξαμένου
εὔχετο — ηὔχετο
ἔχετο — εἴχετο
ἔχον — εἶχον
ἐὼν — ὢν.

ἠΰκομος — εὔκομος.

Θ.

Θάμβησε — ἐθάμβησε
θάρσησε — ἐθάρσησε
θείομεν — θῶμεν
θέμιστας (dor.) —θέμιτας
θεοῖο — θεοῦ
θέσαν — ἔθεσαν
θεσπεσίοιο — θεσπεσίου
θῆκε — ἔθηκε
θύγατρα (poét.) — θυγατέρα.

I.

Ἴδμεν — ἴσμεν
ἴδον — εἶδον
ἱερὴν — ἱερὰν
ἱερῆα — ἱερέα
Ἴλαος — Ἴλεως
ἱλασόμεσθα — ἱλασόμεθα
ἱλασσάμενοι — ἱλασάμενοι
ἱλάσσεαι — ἱλάσσῃ
ἴμεν — ἰέναι
ἴσαν — ᾖεσαν
ἴσχεο — ἴσχου
ἴψαο — ἴψω.

Z.

Ζαθέην — ζαθέαν.

H.

Ἠγαθέη — ἠγαθέα
ἤγερθεν — ἠγέρθησαν
ἠγνοίησε — ἠγνόησε
ἤδη — ᾔδει
ἠὲ — ἢ
ἠελίοιο — ἡλίου
ἠέλιος — ἥλιος
ἠελίῳ — ἡλίῳ
ἦεν — ἦν
ἠερίη — ἀερία
ἦιε — ᾖει
ἤλοισι — ἤλοις
ἠπείροιο — ἠπείρου
Ἥρη — Ἥρα
ἧς — αἷς
ᾗσι — αἷσι

K.

Καθεῦδε — ἐκάθευδε
καῖε — ἔκαιε
καίοντο — ἐκαίοντο
καχκείοντες — κατακείοντες
κακοῖο — κακοῦ
καλεοίμην — καλοίμην
καλέουσι — καλοῦσι
καλέσαντο — ἐκαλέσαντο
καλέσσατο — ἐκαλέσατο
κάππεσον — κατέπεσον
κάρτιστοι — κράτιστοι
κεῖνοι — ἐκεῖνοι
κείνοισι — ἐκείνοις
κέλεαι — κέλῃ
κελόμην — ἐκελόμην
κερτομίοισι — κερτομίοις
κεχαροίατο — χάροιντο
κήδετο — ἐκήδετο
κίε — ἔκιε
κιὼν — ἰὼν

κλισίη — κλισία
κλισίηνδε — κλισίανδε
κνίσση — κνίσσα
χοίλης — χοίλαις
χοίλησι — χοίλαις
χοιμᾶτο — ἐκοιμᾶτο
χοιμήσαντο — ἐκοιμήσαντο
κολεοῖο — κολεοῦ
χομίσαντο — ἐκομίσαντο
χοτέοντος — κοτοῦντος
χουλεὸν — κολεὸν
χούρην — κόρην
χούρης — κόρης
χουριδίης — χουριδίας
χρατέει — κρατεῖ
χραδίην — καρδίαν
χρητῆρος — κρατῆρος
χύνεσσι — κυσί.

Λ.

Λάβε — ἔλαβε
λαμπετόωντι — λαμπετῶντι
λασίοισι — λασίοις
λεῖβε — ἔλειβε
λῆγε — ἔληγε
λήθετο — ἐλήθετο
λοιμοῖο — λοιμοῦ
λῦσαν — ἔλυσαν
λώϊον — λῶον.

Μ.

Μαλακοῖσι — μαλακοῖς
μαρναμένοιϊν — μαρναμένοιν
μαχέοιντο — μαχοῖντο
μαχέοιτο — μαχοῖτο
μαχόμην — ἐμαχόμην
μεθέμεν — μεθιέναι
μεθομίλεον — μεθωμίλουν
μένεος — μένους
μερμήριξε — ἐμερμήριξε
μεταφρασόμεσθα — μεταφρασόμεθα
μετέειπε — μετεῖπε
μευ — μου
μήνιε — ἐμήνιε
μιν — αὐτὸν, αὐτὴν
μίστυλλον — ἐμίστυλλον
μουσάων — μουσῶν
Μυρμιδόνεσσι — Μυρμιδόσι

Ν.

Νέας — ναῦς
νέηαι — νέη
νεικείῃσι — νεικείῃ
νεῦσε — ἔνευσε
νῆα — ναῦν
νῆας — ναῦς
νήεσσι — ναυσὶ
νηὸς — νεὼς
νηυσὶ — ναυσὶ
νοεούσῃ — νοούσῃ
νοῦσον — νόσον
νόῳ — νῷ
νώμησαν — ἐνώμησαν.

Ξ.

Ξυνέηκε — ξυνῆκε
ξυνήϊα — ξυνὰ
ξύνιον (ep.) — ξυνίεσαν.

Ο.

Ὁ — ὅδε, οὗτος
οἳ — αὐτῷ
οἷς — ἑαυτοῖς
ὀΐομαι — οἶμαι
ὀϊστοὶ — οἰστοὶ
ὀΐω — οἴω
οἰωνοῖσι — οἰωναῖς
ὀλλέσῃ — ὀλέσῃ
ὀλοιῇσι — ὀλοιαῖς
ὁμηγερέες — ὁμηγερεῖς
ὁμοίης — ὁμοίας
ὁμοιωθήμεναι — ὁμοιωθῆναι
ὅμοσσον — ὅμοσον
ὀνείδεα — ὀνείδη
ὄνησα — ὤνησα
ὀνόμαζε — ὠνόμαζε
ὁππότε — ὁπότε
ὅππως — ὅπως
ὀρεσκῴοισι — ὀρεσκοίοις
ὄρεσσι — ὄρεσι
ὁρόων — ὁρῶν
ὅσσον — ὅσον
οὐλομένην — ὀλομένην
Οὐλύμποιο — Ὀλύμπου
Οὐλυμπόνδε — Ὀλυμπόνδε
οὔρεα — ὄρη
οὐρῆας — οὐρεῖς

οὐτιδανοῖσι — οὐτ.δανοῖς
ὄφελες — ὤφελες
ὄφελλε — ὤφελλε
ὀφθαλμοῖσι — ὀφθαλμοῖς.

Π.

Παιήονα — παιᾶνα
παλάμης — παλάμαις
παρέζεο — παρέζου
παρελεύσεαι — παρελεύσῃ
παρέσσεται — παρέσται
πάτρης — πάτρας
παύσαντο — ἐπαύσαντο
παύσειε — παύσαι
πείθεο — πείθου
πείθοντο — ἐπείθοντο
πείρησαι — πείρασαι
πέλασαν — ἐπέλασαν
πένοντο — ἐπένοντο
πεπίθοιμεν — πιθοίμεθα
περίσχεο — περίσχου
Πηλέος — Πηλέως
Πηληϊάδεω — Πηλείδου
πίθηαι — πίθῃ
πίμπλαντο — ἐπλήσθησαν
πλεόνεσσι — πλείοσι
ποθέεσκε — ἐπόθει
ποίησε — ἐποίησε
πολέμοιο — πολέμου
πολιῆς — πολιᾶς
πολίων — πόλεων
πολυφλοίσβοιο — πολυφλοίσβου
ποντοπόροιο — ποντοπόρου
πόρε — ἔπορε
πόσιος — πόσεως
ποτὶ — πρὸς
ποτοῖο — ποτοῦ
πρῆξαι — πρᾶξαι
Πριάμοιο — Πριάμου
προβάλοντο — προὐβάλοντο
προθέουσι — προτιθεῖσι
προσέειπε — προσεῖπε
προσεφώνεον — προσεφώνουν
προτόνοισι — προτόνοις
πτόλεμον — πόλεμον
πυθοίατο — πύθοιντο.

Ρ

Ῥέεν — ἔρρεεν
ῥίψε — ἔρριψε.

Σ.

Σαώσεις — σώσεις
σαώτερος — σωώτερος
σέθεν — σοῦ
σῆς — σαῖς
σκαιῇ — σκαιᾷ
σοῖσι — σοῖς
σόον — σῶον, σῶν
στείλαντο — ἐστείλαντο
στῆ — ἔστη
στήθεσσι — στήθεσι
στήσαντο — ἐστήσαντο
συμφράσσατο — συνεφράσατε
σύνθεο — σύνθου
σχέθε — ἔσχε.

Τ.

Τέκε — ἔτεκε
τέκον — ἔτεκον
τελέεσθαι — τελεῖσθαι
τελέσσῃ — τελέσῃ
τελέσσω — τελέσω
τελήεσσας — τελείας
Τενέδοιο — Τενέδου
τεὸν — σὸν
τέρπετο — ἐτέρπετο
τετύκοντο — ἐτετύχοντο
τεῦχε — ἔτευχε
τὴν — ταύτην, ἥν
τίη — τί
τίθει — ἐτίθει
τίσειαν (éol.) — τίσαιεν
τὸ — ὃ
τοὶ — οἳ
τοῖο — τούτου
τοῖσι — τούτοις
τόσσος — τόσος
τράφεν — ἐτράφησαν
τριτάτοισι — τριτάτοις
Τροίην — Τροίαν
Τρώεσσι — Τρωσὶ
τῷ — ᾧ.

Υ.

Ὕβριος — ὕβρεως
ὕμμες — ὑμεῖς
ὑπέδδεισαν — ὑπέδεισαν
ὑπελύσαο — ὑπελύσω
ὑπεροπλίῃσι — ὑπεροπλίαις.

Φ.

Φάανθεν (ὁol.) — ἐφάνησαν
φάνη — ἐφάνη
φάος — φῶς
φαρέτρην — φαρέτραν
φάτο — ἔφατο
φέρτερον — ἄμεινον
φερόμην — ἐφερόμην
Φθίη — Φθία
Φθίηνδε — Φθίανδε
φθινύθεσκε — ἐφθίνυθε

φιλέουσα — φιλοῦσα
φορέουσι — φοροῦσι
φράζεαι — φράζῃ
φρονέοντα — φρονοῦντα
φώνησε — ἐφώνησε.

Χ.

Χερείονα — χείρονα
χερείων — χείρων
χέρηϊ — χείρονι
χερνίψαντο — ἐχερνίψαντο
χόλοιο — χόλου
χολωσέμεν — χολώσειν
χρυσέῳ — χρυσῷ.

Ω.

Ὠκυπόροισι — ὠκυπόροις
ὤμοισι — ὤμοις.

LIBRAIRIE DE L. HACHETTE ET Cie.

TRADUCTIONS JUXTALINÉAIRES

DES

PRINCIPAUX AUTEURS CLASSIQUES GRECS,

FORMAT IN-12.

→·→⊃Ɔ⊙Ɔ⊆⊂←←

*Cette collection comprendra les principaux auteurs
qu'on explique dans les classes.*

EN VENTE AU 1er JUIN 1851 :

ARISTOPHANE : Plutus. Prix, bro-
ché.................... 2 fr. 25 c.
BABRIUS : Fables. .... 4 fr.
CHRYSOSTOME (S. JEAN) : Homé-
lie en faveur d'Eutrope...... 60 c.
DÉMOSTHÈNE : Discours contre la
loi de Leptine........ 3 fr. 50 c.
— Discours pour Ctésiphon ou sur
la Couronne................ 5 fr.
— Harangue sur les prévarications
de l'ambassade............ 6 fr.
— Les trois Olynthiennes. 1 fr. 50 c.
— Les quatre Philippiques. 3 fr. 50 c.
ESCHINE : Discours contre Ctési-
phon. Prix................. 4 fr.
ESCHYLE : Prométhée enchaîné.
Prix.................... 2 fr.
— Les Sept contre Thèbes. 1 fr. 50 c.
ÉSOPE : Fables choisies...... 1 fr.
EURIPIDE : Électre......... 3 fr.
— Hécube................... 2 fr.
— Hippolyte........... 3 fr. 50 c.
— Iphigénie en Aulide.. 3 fr. 25 c.
HOMÈRE : Iliade :
Les chants I-IV en un vol... 5 fr.
Les chants V-VIII en un vol.. 5 fr.
Les chants IX-XII, 1 vol..... 5 fr.
Les chants XIII-XVI, 1 vol... 5 fr.
Les chants XVII-XX, 1 vol.... 5 fr.
Les chants XXI-XXIV, 1 vol.. 5 fr.
Chaque chant séparément. 1 f. 25 c.
— Odyssée, chants I-IV, 1 vol. 5 fr.
Le 1er chant séparément... 90 c.
ISOCRATE : Archidamus. 1 fr. 50 c.
— Conseils à Démonique..... 75 c.
— Éloge d'Évagoras.... 1 fr. 50 c.
LUCIEN : Dialogues des morts.
Prix.................... 2 fr. 25 c.

PINDARE:Isthmiques (les). 2 f. 50 c.
— Néméennes (les)............ 3 fr.
— Olympiques (les)..... 3 fr. 50 c.
— Pythiques (les)...... 3 fr. 50 c.
PLATON : Alcibiade (le premier).
Prix................... 2 fr. 50 c.
— Apologie de Socrate. Prix... 2 fr.
— Criton............... 1 fr. 25 c.
— Phédon................. 5 fr.
PLUTARQUE : De la lecture des
poëtes.................... 3 fr.
— Vie d'Alexandre. Prix. 4 fr. 25 c.
— Vie de César.......... 3 fr. 50 c.
— Vie de Cicéron........... 3 fr.
— Vie de Démosthène.... 2 fr. 50 c.
— Vie de Marius............ 3 fr.
— Vie de Pompée........... 5 fr.
— Vie de Sylla......... 3 fr. 50 c.
SOPHOCLE : Ajax....... 2 fr. 50 c.
— Antigone.............. 2 fr. 25 c.
— Électre. .... 3 fr.
— OEdipe à Colone...... 3 fr. 25 c.
— OEdipe roi............2 fr. 50 c.
— Philoctète........... 2 fr. 50 c.
— Trachiniennes (les)... 2 fr. 50 c.
THÉOCRITE : OEuvres complètes.
Prix.................... 7 fr. 50 c.
— La première Idylle...... 45 c.
THUCYDIDE : Guerre du Pélopo-
nèse, livre II.............. 5 fr.
XÉNOPHON : Apologie de Socrate.
Prix.................... 60 c.
— Cyropédie, livre I...... 2 fr. 75 c.
— Cyropédie, livre II........ 2 fr.
— Entretiens mémorables de Socrate
(les quatre livres)..... 7 fr. 50 c.
(Chaque livre séparément. 2 fr.

AVIS. La librairie de MM. L. Hachette et Cie publie également la traduction
juxtalinéaire des principaux *auteurs latins* qu'on explique dans les classes.

DE L'IMPRIMERIE DE CRAPELET, RUE DE VAUGIRARD, 9.